# 반디랑 블록 한자

닮은꼴 끼리끼리!

**1**

매일 4字씩 1000字 완성

# 블록한자 학습 효과

 ## 한자와 학습 능력

문해력文解力(literacy, 문장해석력)이 높은 아이가 우등생이 됩니다. 어려운 개념들로 이루어진 교과서 속 문장들을 이해하지 못하고 잘할 수 있는 과목은 하나도 없습니다. 한자어 아닌 개념 어휘는 거의 찾아볼 수 없는 한국어의 특성상, 교과서 학습 능력을 키우는 데 한자의 이해가 필수라는 점은 불변의 사실입니다. 최근 많은 청소년들이 SNS에 빠져 독서를 멀리하며 문해력이 저하되고 있는 현시점에서 한자교육의 중요성은 역설적으로 더욱 커지고 있습니다.

 ## 일석삼조의 효과, 블록한자!

블록한자는 '기본자 1자 + 파생자 3자'로 구성됩니다. 쉬운 기본자 1자를 익히면 복잡한 파생자 3자를 함께 익힐 수 있습니다. 하루 4자의 부담 없는 학습량을 원리에 따라 재미있게 익히며, 혼자서도 효율적으로 자기주도학습을 실천할 수 있습니다.

 ## 급수의 효율적 재구성

급수가 낮다고 쉬운 한자일까요? 절대 그렇지 않습니다. '語(낮은 급수) / 言(높은 급수)'처럼 낮은 급수의 한자가 오히려 더 복잡한 경우는 무척 많습니다. 게다가 급수가 높아질수록 외워야 할 한자의 수는 기하급수적으로 늘어나서, 앞에서 익힌 한자와 새로 배우는 한자를 연계하여 이해하지 못하면 급격히 늘어나는 학습량을 감당할 수가 없습니다. 그래서 무조건 낮은 급수부터 시작하다 8, 7급의 낮은 단계에서 한자 공부를 포기하는 경우가 대부분입니다.

반디랑 블록한자는 다릅니다. 반디랑 블록한자는 급수를 효율적으로 재구성하여 총 128블록으로 만들었습니다. 하루 1블록씩 꾸준히 학습한다면, 128일만에 교육부 권장 한자 포함 1000자를 다 익히게 됩니다. 쉬운 기본자를 중심으로 어려운 파생자들을 함께 익혀, 급격한 학습량의 증가나 지나친 학습 기간의 부담 없이 중고등학교 수준의 한자까지 마스터할 수 있습니다. 또한 초등 교과서에서 어휘 용례를 엄선하여, 한자로 구성된 어려운 개념어들도 똑똑하게 이해할 수 있습니다.

길고 긴 초등학교 시절, 하루 10분씩 딱 반 년만 반디랑 블록한자에 투자하세요! 중학교 가기 전 한자 공부를 다 끝내고 탄탄한 어휘력과 문해력을 다질 수 있습니다!

 ## 급수를 딛고 성큼성큼

각 권당 블록한자 32개를 기본 구성으로 수록하고, 권말에 추가 구성으로 더블록한자 32개를 붙여 학습의 효율을 높였습니다. 총 4권 전질로, 낮은 급수의 한자들을 중심축으로 하되, 높은 급수이지만 중요한 한자를 효율적으로 함께 배치하여 통합적 학습이 가능하도록 배려하였습니다.

반디랑 블록한자를 마스터하다 보면 한자 급수도 성큼성큼, 학업 성적도 성큼성큼 오릅니다.

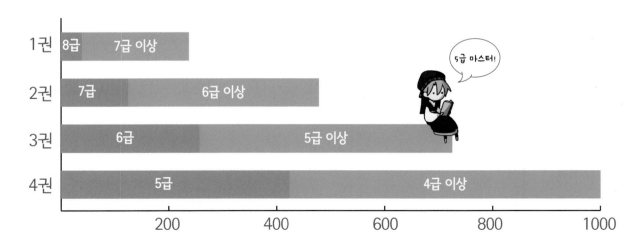

# 1~4권 1000字 보기

## 1권 128자 + 더블록 128자 부록

| | | | |
|---|---|---|---|
| 日 白 昌 晶 | 月 明 朋 崩 | 山 岩 仙 幽 | 川 州 洲 訓 |
| 火 災 炎 淡 | 水 氷 永 泳 | 土 吐 士 王 | 木 未 末 本 |
| 人 仁 休 代 | 生 姓 性 星 | 男 加 協 脅 | 女 如 好 安 |
| 母 每 海 梅 | 子 字 仔 學 | 兄 兌 說 稅 | 弟 梯 涕 第 |
| 大 太 犬 夭 | 小 尖 少 沙 | 上 止 齒 步 | 下 卞 不 杯 |
| 千 肝 刊 竿 | 萬 愚 偶 遇 | 車 轟 連 蓮 | 舟 丹 船 航 |
| 內 丙 納 訥 | 夕 外 多 侈 | 中 忠 串 患 | 心 必 志 情 |
| 東 凍 棟 鍊 | 西 要 票 栗 | 南 幸 譯 擇 | 北 背 乘 乖 |

## 2권 128자 + 더블록 128자 부록

| | | | |
|---|---|---|---|
| 元 玩 完 院 | 首 道 導 領 | 公 松 翁 私 | 主 注 住 往 |
| 市 柿 姉 肺 | 井 形 刑 型 | 孔 乳 浮 妥 | 方 放 防 訪 |
| 工 功 空 江 | 品 區 嘔 樞 | 去 法 怯 却 | 來 麥 麵 爽 |
| 雨 雪 雲 電 | 田 界 果 課 | 春 泰 奉 棒 | 秋 愁 秀 和 |
| 克 兢 尅 競 | 己 已 巳 記 | 文 紋 紊 蚊 | 化 花 貨 靴 |
| 平 評 坪 萍 | 行 街 衝 術 | 合 給 答 塔 | 同 洞 銅 興 |
| 衣 依 表 初 | 食 飮 飯 蝕 | 家 豚 逐 遂 | 族 旗 旅 遊 |
| 手 拜 看 着 | 足 促 捉 蹴 | 口 因 困 菌 | 角 用 解 觸 |

## 3권 128자 + 더블록 128자 부록

| | | | | | | | | | | | | | | | |
|---|---|---|---|---|---|---|---|---|---|---|---|---|---|---|---|
| 羊 | 洋 | 美 | 善 | 豆 | 頭 | 短 | 登 | 甘 | 柑 | 某 | 謀 | 泉 | 原 | 源 | 線 |
| 弓 | 弔 | 引 | 弘 | 矢 | 知 | 智 | 失 | 刀 | 刃 | 忍 | 認 | 斤 | 斥 | 折 | 近 |
| 耳 | 茸 | 恥 | 聖 | 目 | 見 | 盲 | 眉 | 骨 | 滑 | 體 | 禮 | 肉 | 育 | 胃 | 肋 |
| 半 | 伴 | 畔 | 判 | 分 | 盆 | 粉 | 忿 | 正 | 定 | 是 | 歪 | 反 | 返 | 板 | 販 |
| 古 | 苦 | 固 | 故 | 今 | 念 | 令 | 冷 | 門 | 問 | 聞 | 間 | 戶 | 房 | 扁 | 篇 |
| 作 | 昨 | 炸 | 詐 | 勇 | 通 | 桶 | 痛 | 身 | 射 | 躬 | 窮 | 病 | 疾 | 症 | 痴 |
| 死 | 葬 | 列 | 烈 | 亡 | 忘 | 妄 | 望 | 退 | 恨 | 限 | 根 | 各 | 落 | 路 | 露 |
| 見 | 規 | 現 | 親 | 則 | 測 | 側 | 惻 | 音 | 意 | 憶 | 億 | 樂 | 藥 | 礫 | 轢 |

## 4권 128자 + 더블록 128자 부록

| | | | | | | | | | | | | | | | |
|---|---|---|---|---|---|---|---|---|---|---|---|---|---|---|---|
| 鳥 | 鳴 | 島 | 烏 | 蟲 | 蜀 | 獨 | 濁 | 魚 | 漁 | 魯 | 鮮 | 貝 | 財 | 買 | 貧 |
| 無 | 舞 | 撫 | 蕪 | 谷 | 俗 | 浴 | 欲 | 良 | 浪 | 娘 | 郞 | 奴 | 努 | 怒 | 駑 |
| 比 | 批 | 昆 | 混 | 率 | 卒 | 猝 | 悴 | 尙 | 常 | 堂 | 掌 | 識 | 職 | 織 | 熾 |
| 專 | 傳 | 轉 | 團 | 充 | 銃 | 統 | 流 | 自 | 臭 | 息 | 鼻 | 爭 | 錚 | 淨 | 靜 |
| 犬 | 伏 | 拔 | 髮 | 馬 | 篤 | 駐 | 騎 | 培 | 倍 | 部 | 剖 | 養 | 義 | 議 | 儀 |
| 酉 | 酒 | 酋 | 尊 | 句 | 苟 | 敬 | 警 | 吉 | 結 | 喜 | 臺 | 凶 | 兇 | 匈 | 胸 |
| 臣 | 臥 | 監 | 覽 | 民 | 眠 | 氏 | 紙 | 每 | 毒 | 悔 | 敏 | 周 | 週 | 調 | 彫 |
| 約 | 的 | 酌 | 釣 | 束 | 速 | 揀 | 練 | 觀 | 權 | 勸 | 歡 | 能 | 熊 | 罷 | 態 |

# 핵심 한자

월 ◯ 일

日
8급

# 날 일

## 日 알아보기

| 옛한자 | |
|---|---|
|  | 日날 일은 해의 모양을 본떠 만든 글자입니다. 해는 동그랗지만 한자에는 동그라미가 없으므로 네모로 표현하였습니다. |

## 日 따라 쓰기

4획  ㅣ ㄇ ㄇ 日

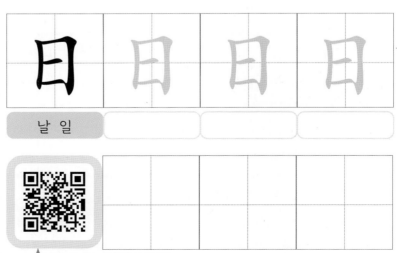

↑ 찍으면 획순 영상이 나옵니다.

10

교과서에 나온 내용을 소리 내어 읽어 보아요.

**국어 1**

日記
날 일  기록할 기
일기

**뜻** 날의 기록

日記를 쓸 때는 알맞은 제목이 붙었는지, 겪은 일이 잘 드러났는지, 생각이나 느낌이 잘 드러났는지를 확인해야 합니다.

**국어 3**

日出
날 일  날 출
일출

**뜻** 해가 뜸

설문대 할망은 성산 日出봉에 있는 바위와 돌을 등잔 삼아 바느질을 했대. 그 바위를 등경돌이라고 불러.

*등경: 등잔을 걸어 놓는 기구

 **핵심 어휘 완성하기!**

*정답 : 244쪽

(1) 일기(☐記)는 그날 있었던 일 중에서 인상 깊었던 일에 대한 자기 생각이나 느낌을 쓴 글이에요.

(2) 설문대 할망은 성산 일출(☐出)봉에 있는 바위와 돌을 등잔 삼아 바느질을 했대.

# 블록 한자

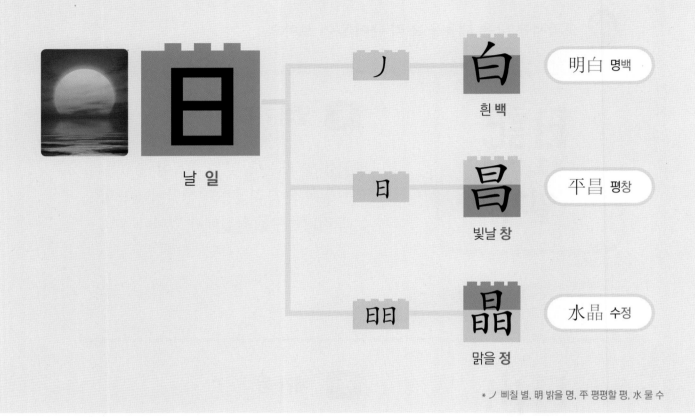

| | | | |
|---|---|---|---|
| 日 날 일 | ノ | 白 흰 백 | 明白 명백 |
| | 日 | 昌 빛날 창 | 平昌 평창 |
| | 日日 | 晶 맑을 정 | 水晶 수정 |

*ノ 삐칠 별, 明 밝을 명, 平 평평할 평, 水 물 수

## 흰 백 8급

日날 일에 점처럼 생긴 ノ삐칠 별을 찍으면 白흰 백이 됩니다. ノ은 하얗게 타오르는 촛불 심지를 그린 것으로 생각하면 쉽습니다. 白雪백설, 明白명백과 같은 단어에 들어갑니다.

白 따라 쓰기

### 明白

명백

뜻 밝고 흼

예 사건의 진실이 明白히 드러났다.

흰 백

## 빛날 창 3급

해 두 개가 모였으니 얼마나 빛날까요. 그래서 昌빛날 창이 되었습니다. 올림픽으로 유명한 平昌평창에도 쓰이고, 일반 단어로는 '繁昌번창' 등에 쓰이는 글자입니다.

### 平昌
평 창

뜻 평평하고 빛남. 강원도 지명

예 강원도 平昌에 사는 사촌은 벌써 긴소매 옷을 입고 있었습니다.

빛날 창

## 맑을 정 1급

해를 세 개 붙여 쓰면 晶맑을 정이 됩니다. 해가 세 개니까 밝다 못해 투명해졌어요!

### 水晶
수 정

뜻 물같이 맑음. 맑은 보석의 일종

예 이 골짜기에는 水晶처럼 맑은 물이 흐른다.

맑을 정

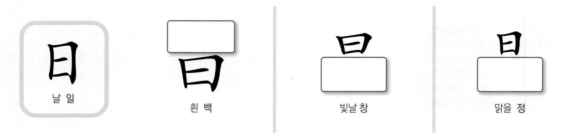

## 1 네모칸에 알맞은 글자를 넣어 보아요.

| 日 | 白 | 昌 | 晶 |
|---|---|---|---|
| 날 일 | 흰 백 | 빛날 창 | 맑을 정 |

## 2 한자의 음과 뜻을 알맞게 이어 보아요.

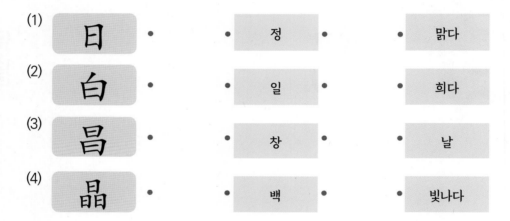

(1) 日 · · 정 · · 맑다

(2) 白 · · 일 · · 희다

(3) 昌 · · 창 · · 날

(4) 晶 · · 백 · · 빛나다

## 3 빈칸에 알맞은 한자를 써 보아요.

(1) 일기( ⬜ 記)는 그날 있었던 일 중에서 인상 깊었던 일에 대한 자기 생각이나 느낌을 쓴 글이에요.

(2) 사건의 진실이 명백(明 ⬜ )히 드러났다.

(3) 강원도 평창(平 ⬜ )에 사는 사촌은 벌써 긴소매 옷을 입고 있었습니다.

(4) 이 골짜기는 수정(水 ⬜ )처럼 맑은 물이 흐른다.

**4** 내용을 소리 내어 읽고 한자를 한글로 써 보세요.

쭈틀은 아침 저녁으로 날씨가 서늘해서 긴소매 옷을 입어.

*사회 3

........................................

**5** 열쇠의 뜻 풀이를 이용하여 가로 세로 단어 퍼즐을 완성해 보세요.

[가로열쇠 ①] 해가 뜸

[세로열쇠 ①] 날의 기록

**6** QR코드를 찍어 영상을 본 후, 문제를 풀어 보아요.

(1) 음: _____ 뜻: _____

　　　관련단어: _____

달 월
8급

## 月 알아 보기

옛한자 月 月달 월은 달의 모양을 본떠 만든 글자입니다. 반달 모양으로 약간 휘어 있는 것이 글자에도 나타나 있습니다.

## 月 따라 쓰기

4획  丿 刀 月 月

달 월

↑ 찍으면 획순 영상이 나옵니다.

16

교과서에 나온 내용을 소리 내어 읽어 보아요.

**사회 3**

正月
바를정 달월
정월

**뜻** 바른 달, 첫 번째 달

正月대보름은 음력으로 새해 첫 둥근 보름달이 뜨는 날입니다. 이날에는 쥐불놀이와 달집태우기를 하면서 나쁜 기운을 쫓아내고, 새해 소원을 빌었습니다.

**교과서 밖**

月光
달월 빛광
월광

**뜻** 달빛

月光소나타는 베토벤의 작품으로 달빛을 주제로 하여 눈먼 가난한 소녀를 위하여 즉흥적으로 지었다고 한다.

 **핵심 어휘 완성하기!**

*정답 : 244쪽

(1) 정월(正 ☐ )대보름에는 쥐불놀이와 달집태우기를 합니다.

(2) 월광( ☐ 光)소나타는 베토벤의 대표적인 작품이다.

# 블록한자

달 월

日 明
밝을 명

分明 분명

月 朋
벗 붕

朋友 붕우

山 崩
무너질 붕

멘崩 멘붕

*分 나눌 분, 友 벗 우

---

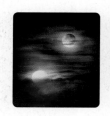

## 밝을 명 6급

月달 월 앞에 日날 일을 붙이면 明밝을 명자가 됩니다. 해와 달이 합쳐져서 밝다는 뜻으로 明白명백, 分明분명과 같은 단어들을 만듭니다.

明 따라 쓰기

**分明** 분명

뜻 밝게 나누어짐. 틀림 없이

예 물감이 없었다. 아침에 分明 챙겼는데 보이지 않았다.

밝을 명

# 벗 붕 3급

月달 월을 두 개 함께 쓰면 朋벗 붕이 됩니다. 月[=肉]은 고기, 신체 등을 뜻하는 말이기도 한데, 몸체 둘을 나란히 그려 친구의 모습을 표현한 것입니다.

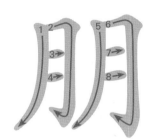

벗 붕

## 朋友
붕 우

뜻 벗

예 '朋友有信(붕우유신)'은 벗들끼리 믿음이 있어야 한다는 뜻이다.

벗 붕

---

# 무너질 붕 3급

朋벗 붕 위에 山뫼 산을 올리면 무거워 무너집니다. 崩무너질 붕은 산이 무너지는 것을 표현한 글자로, '무너지다'란 뜻입니다.

무너질 붕

## 멘崩
멘 붕

뜻 '멘탈 붕괴'의 준말

예 멘崩은 '멘탈 붕괴'의 줄임말로 인터넷에서 사용되기 시작했다.

무너질 붕

**1** 네모칸에 알맞은 글자를 넣어 보아요.

月
달 월

□月
밝을 명

□月
벗 붕

朋
무너질 붕

**2** 한자의 음과 뜻을 알맞게 이어 보아요.

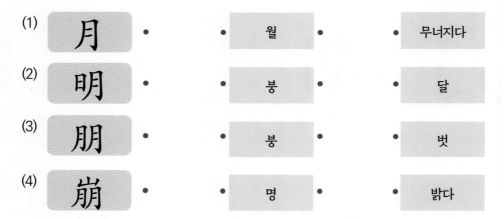

(1) 月 · · 월 · · 무너지다

(2) 明 · · 붕 · · 달

(3) 朋 · · 붕 · · 벗

(4) 崩 · · 명 · · 밝다

**3** 빈칸에 알맞은 한자를 써 보아요.

(1) 음력 정월(正□)은 농한기라서 마을 사람이 모두 모여 줄을 만드는 일을 합니다.

(2) 물감이 없었다. 아침에 분명(分□) 챙겼는데 보이지 않았다.

(3) 붕우유신(□友有信)은 벗들끼리 믿음이 있어야 한다는 뜻이다.

(4) 멘붕(멘□)은 '멘탈 붕괴'의 줄임말로 인터넷에서 사용되기 시작했다.

**4** 내용을 소리 내어 읽고 한자를 한글로 써 보세요.

正月 대보름에는
쥐불놀이와
달집태우기를
했습니다.

*사회 3

...........................................................

**5** 열쇠의 뜻 풀이를 이용하여 가로 세로 단어 퍼즐을 완성해 보세요.

① 正 ②

光

[가로열쇠 ①] 바른 달, 첫 번째 달

[세로열쇠 ②] 달빛

**6** QR코드를 찍어 영상을 본 후, 문제를 풀어 보아요.

무너진다

으악

(1) 음: .................  뜻: .........................

관련단어: ..................................................

# 만화로 배우는
# 한자성어

## 일취월장
### ( 日就月將 )

나날이 나아지고, 다달이 발전함, 실력이 눈에 띄게 쑥쑥 자람.
[나아갈 就, 발전할 將]

## 캐릭터소개

최용(5학년)
순박하다.
공부도 운동도 뭐든지 열심히 하는 노력파.
같은 반 친구인 바다를 좋아한다.

# 동영상으로 익히는
# ▶️ 블록한자

* 아래 QR을 찍으면 동영상이 나옵니다. 동영상을 따라서 한눈에 정리해보아요.

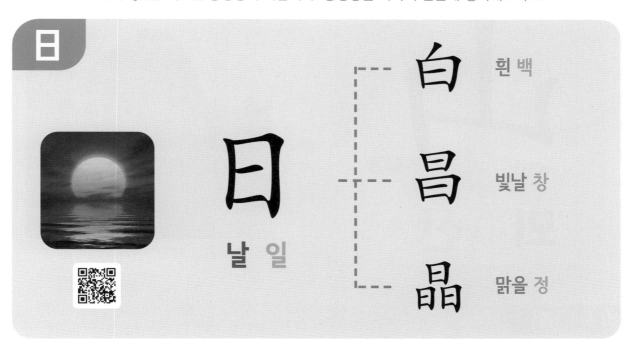

**日**
날 일

白 흰 백
昌 빛날 창
晶 맑을 정

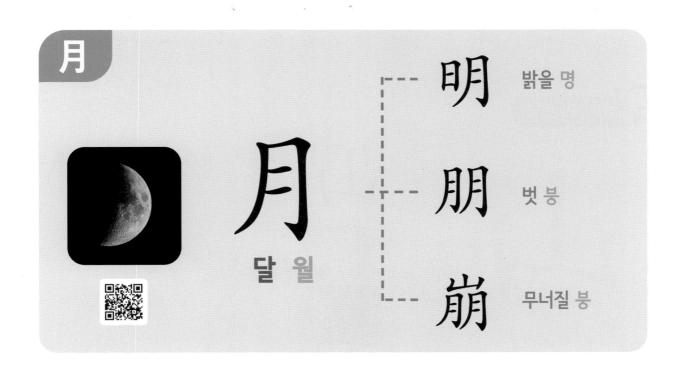

**月**
달 월

明 밝을 명
朋 벗 붕
崩 무너질 붕

8급

뫼 산

## 山 알아 보기

옛한자 山뫼 산은 산의 모양을 본떠 만든 글자입니다. 글자에서 높은 산봉우리들이 보입니다.

## 山 따라 쓰기

3획  丨 山 山

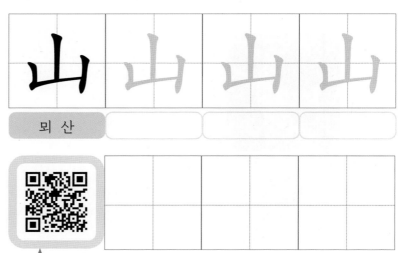

뫼 산

↑ 찍으면 획순 영상이 나옵니다.

교과서에 나온 내용을 소리 내어 읽어 보아요.

**과학 4**

## 火山
불 화   뫼 산

**화산**

뜻 **불의 산**

한라산은 우리나라의 대표적인 火山입니다. 火山은 마그마가 분출하여 생긴 지형으로 火山의 꼭대기에는 분화구가 있는 것도 있습니다.

**사회 6**

## 高山
높을 고   뫼 산

**고산**

뜻 **높은 산**

세계의 기후는 열대 기후, 건조 기후, 온대 기후, 냉대 기후, 한대 기후, 高山 기후 등으로 나눌 수 있다.

 핵심 어휘 **완성하기!**

*정답 : 244쪽

(1) 화산(火 ⬚)은 마그마가 분출하여 생긴 지형입니다.

(2) 세계의 기후는 열대 기후, 건조 기후, 온대 기후, 고산(高 ⬚)기후 등으로 나눌 수 있다.

# 블록 한자

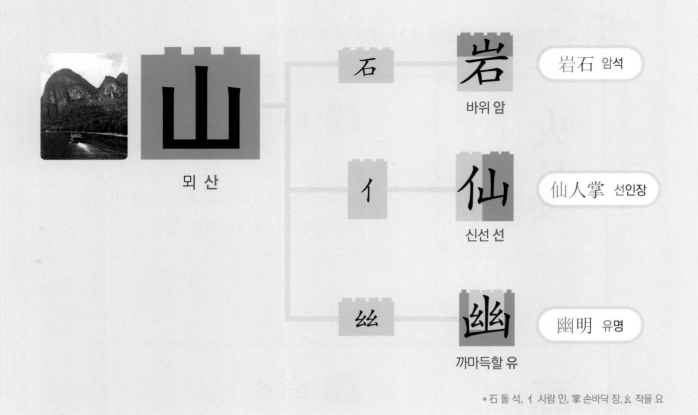

山 뫼 산

石 → 岩 바위 암 → 岩石 암석

亻 → 仙 신선 선 → 仙人掌 선인장

幺 → 幽 까마득할 유 → 幽明 유명

*石 돌 석, 亻 사람 인, 掌 손바닥 장, 幺 작을 요

## 바위 암 3급

山뫼 산 아래에 石돌 석이 있으면 岩바위 암이 됩니다. 산을 떠받치고 있는 큰 돌이란 뜻입니다. 원래 글자는 巖이지만, 岩으로 줄여 쓰는 것이 더 편리합니다.

岩石  뜻 바위와 돌

암 석  예 땅속 깊은 곳에서 岩石이 녹은 것을 마그마라고 합니다.

바위 암

## 신선 선 5급

山뫼 산 옆에 亻=人 사람 인을 쓰면 仙신선 선이 됩니다. 깊은 산속에 사는 사람, 즉 신선이라는 뜻입니다. 仙人掌선인장은 신선의 손바닥을 닮았다고 해서 붙여진 식물 이름입니다.

**仙人掌** 뜻 신선의 손바닥을 닮은 사막의 식물 이름

선 인 장 예 사막에 사는 仙人掌은 굵은 줄기에 물을 저장합니다.

신선 선

## 까마득할 유 3급

山뫼 산의 양쪽 속에 幺작을 요를 써 두면 幽까마득할 유가 됩니다. 까마득히 깊은 산 속이란 뜻인데, 幽靈유령, 幽明유명이라는 단어가 가장 대표적입니다.

**幽明** 뜻 까마득함과 분명함. 먼 곳과 가까운 곳. 저승과 이승

유 명 예 아버지는 제가 어렸을 때 교통사고로 幽明을 달리하셨습니다.

까마득할 유

# 문제 풀기

**1** 네모칸에 알맞은 글자를 넣어 보아요.

| 山 | | 山 | |
|---|---|---|---|
| 뫼 산 | 바위 암 | 신선 선 | 까마득할 유 |

**2** 한자의 음과 뜻을 알맞게 이어 보아요.

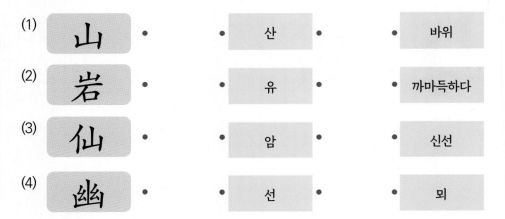

(1) 山 · · 산 · · 바위

(2) 岩 · · 유 · · 까마득하다

(3) 仙 · · 암 · · 신선

(4) 幽 · · 선 · · 뫼

**3** 빈칸에 알맞은 한자를 써 보아요.

(1) 독도는 <u>화산</u>(火 ☐ )활동으로 생겨났습니다.

(2) 땅속 깊은 곳에서 <u>암석</u>(☐ 石)이 녹은 것을 마그마라고 합니다.

(3) 사막에 사는 <u>선인장</u>(☐ 人掌)은 줄기에 물을 저장합니다.

(4) 아버지는 제가 아주 어렸을 때 교통사고로 <u>유명</u>(☐ 明)을 달리하셨습니다.

28

**4** 내용을 소리 내어 읽고 한자를 한글로 써 보세요.

〈멕시코 국기〉

"독사를 물고 날아가는 독수리가 仙人掌 위에 앉으면 그곳에 도시를 세워라!"

계시대로 독수리가 내려앉은 곳에 도시를 세웠더니 점점 강해져 아즈텍 제국으로 발전했고, 오늘날의 멕시코가 되었대.

*사회 3

**5** 열쇠의 뜻 풀이를 이용하여 가로 세로 단어 퍼즐을 완성해 보세요.

[가로열쇠 ①] 불의 산

[세로열쇠 ②] 높은 산

**6** QR코드를 찍어 영상을 본 후, 문제를 풀어 보아요.

까마득~

휴우~

(1) 음: ＿＿＿＿＿＿ 뜻: ＿＿＿＿＿＿

관련단어: ＿＿＿＿＿＿＿＿＿＿＿

**7급**

## 내 천

### 川 알아 보기

옛한자 〳〳〳

川내 천은 물이 흘러가는 모양을 본뜬 글자입니다. 물이 줄기를 이루면서 흐르는데 그중 세 물줄기를 대표로 그려 시냇물을 나타냅니다.

### 川 따라 쓰기

**3획** 丿 丿丿 川

내 천

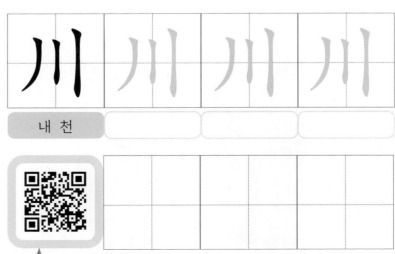

↑찍으면 획순 영상이 나옵니다.

교과서에 나온 내용을 소리 내어 읽어 보아요.

---

**사회 5**

## 仁川
사랑할 인 내 천
**인천**

🔲 **뜻** 사랑의 시내, 도시 이름

우리나라 사람들 중 50%는 서울, 仁川, 경기를 포함한 수도권에 거주합니다.

---

**과학 5**

## 河川
강 하 내 천
**하천**

🔲 **뜻** 강과 시내

河川 생태복원사는 河川이나 호수 등의 수질을 깨끗하게 하는 방법을 연구합니다. 또 河川에 사는 생물들 간의 관계를 조사하여 河川과 주변 생태계의 보전을 위해 노력합니다.

---

 **핵심 어휘 완성하기!**

*정답 : 244쪽

(1) 우리나라 사람들 중 50%는 서울, 인천(仁 ☐), 경기를 포함한 수도권에 거주합니다.

(2) 하천 생태복원사는 하천(河 ☐)의 수질을 깨끗하게 하는 방법을 연구합니다.

# 블록 한자

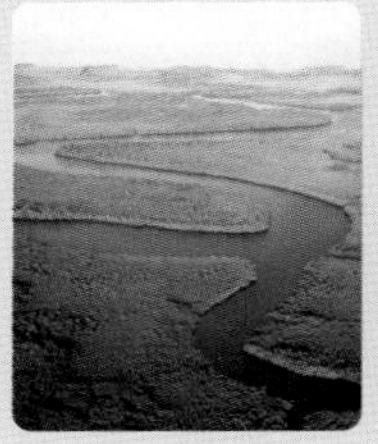

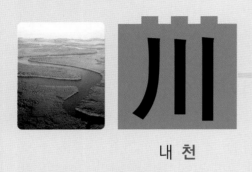

川

내 천

丷 + 川 → 州 고을 주

全州 전주

氵 + 州 → 洲 큰섬, 물가 주

六大洲 육대주

言 + 川 → 訓 가르칠 훈

訓民正音 훈민정음

* 丶 점 주, 言 말씀 언, 全 온전할 전, 六 여섯 육, 大 큰 대, 民 백성 민, 正 바를 정, 音 소리 음

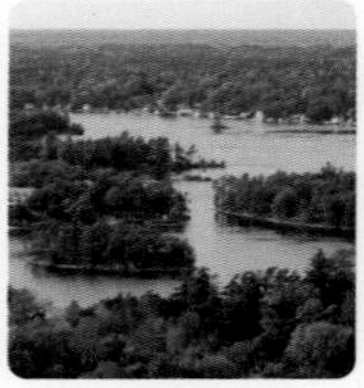

## 州 고을 주 5급

川내 천에 섬을 뜻하는 점을 세 개 丷찍어 주면 州고을 주가 됩니다. 뜻은 '섬, 고을'입니다. 우리나라에 州로 끝나는 고을은 慶州경주, 全州전주, 光州광주 등 무척 많습니다.

州 따라 쓰기

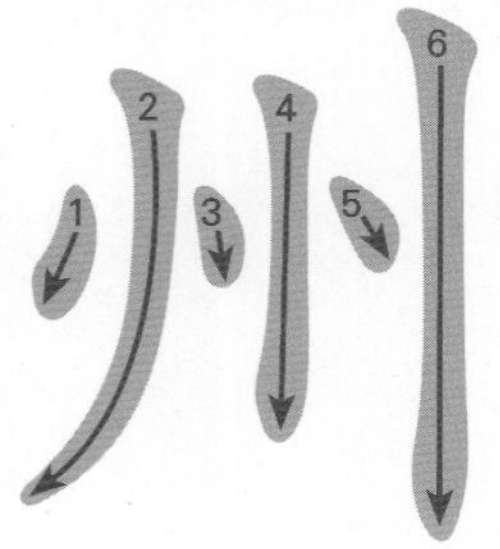

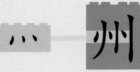

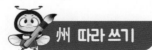

**全州** 전주

뜻 온전한 마을. 전라도 지명

예 全州비빔밥은 여러 가지 나물에 육회를 얹어 만듭니다.

| 州 | 州 | | | |
|---|---|---|---|---|
| 고을 주 | | | | |

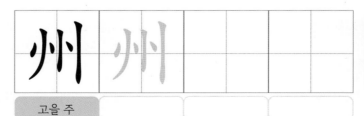

## 큰섬, 물가 주 `3급`

州고을 주에 물을 뜻하는 氵＝水물 수를 더 찍으면 洲큰섬, 물가 주가 됩니다. 이 또한 물가에 생겨난 섬을 뜻합니다. 그런데 州보다는 훨씬 더 큰 섬이라서, 주로 대륙을 뜻하는 말이 됩니다.

### 六大洲 뜻 6개의 큰 섬
육 대 주 예 六大洲에는 아시아, 아프리카, 오세아니아 등이 있습니다.

| 洲 | 洲 | | | |
|---|---|---|---|---|
| 큰섬, 물가 주 | | | | |

## 가르칠 훈 `6급`

川내 천에 言말씀 언을 붙이면 訓가르칠 훈이 됩니다. 言이 시냇물처럼 막힘 없이 술술 흘러나온다는 뜻입니다. 訓民正音훈민정음이 가장 대표적인 단어입니다.

### 訓民正音 뜻 백성을 가르치는 바른 소리
훈 민 정 음 예 오랜 연구 끝에 세종대왕은 訓民正音 28자를 완성했습니다.

| 訓 | 訓 | | | |
|---|---|---|---|---|
| 가르칠 훈 | | | | |

# 문제 풀기

**1** 네모칸에 알맞은 글자를 넣어 보아요.

川
내 천

州
고을 주

□州
큰섬,물가 주

□川
가르칠 훈

**2** 한자의 음과 뜻을 알맞게 이어 보아요.

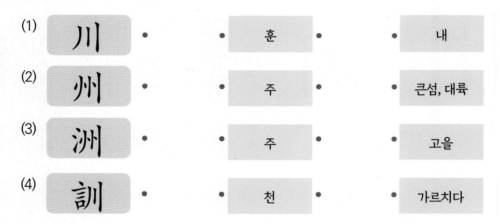

(1) 川 •
(2) 州 •
(3) 洲 •
(4) 訓 •

• 훈 •
• 주 •
• 주 •
• 천 •

• 내
• 큰섬, 대륙
• 고을
• 가르치다

**3** 빈칸에 알맞은 한자를 써 보아요.

(1) 짚신벌레와 해캄은 주로 <u>하천</u>(河□)과 같이 물살이 느린 곳에서 삽니다.

(2) <u>전주</u>(全□)비빔밥은 콩나물을 비롯한 여러 가지 나물에 육회를 얹어 만듭니다.

(3) <u>육대주</u>(六大□)는 아시아, 아프리카, 유럽, 오세아니아, 북아메리카, 남아메리카입니다.

(4) 오랜 연구 끝에 세종대왕은 <u>훈민정음</u>(□民正音) 28자를 완성했습니다.

**4** 내용을 소리 내어 읽고 한자를 한글로 써 보세요.

세종은 백성들이 글을 몰라 어려움을 겪자, 이를 덜어 주려고 우리글을 만들었다. 訓民正音은 혀와 입술의 모양에서 과학적 원리를 찾아 창제했다.

*사회 5

.................................................................

**5** 열쇠의 뜻 풀이를 이용하여 가로 세로 단어 퍼즐을 완성해 보세요.

[가로열쇠 ①] 사랑의 시내, 도시 이름

[세로열쇠 ②] 강과 시내

**6** QR코드를 찍어 영상을 본 후, 문제를 풀어 보아요.

(1) 음: ................... 뜻: ...........................

　　관련단어: ......................................

# 만화로 배우는
# 한자성어

**타산지석**
(他山之石)

다른 산의 돌, 다른 산의 하찮은 돌이 자신의 옥(玉)을 연마하는 데 도움이 되듯, 다른 사람의 하찮은 행동도 자신에게 도움이 됨.
[남 他, 갈/~의 之, 돌 石]

이런!

우왓, 웅덩이 때문에 신발이 다 젖었어!

아이구 저런...

쟤는 웅덩이에 실수로 뛰어들어 신발을 적셨나 봐.

우리는 저 아이를 **타산지석(他山之石)** 삼아 신발을 적시는 일이 없도록 하자.

타산지석 他山之石? 그게 뭔데?

음, 우리는 일상 속에서 타인의 안 좋은 모습을 볼 때가 있잖아?

그걸 단지 불쾌히 여기는 데서 그치는 게 아니라

으, 왜 저래?

정신 바짝 차리고 살자...

나도 잘못하면 엄마도 추해질 수 있어... '난 저러지 말아야겠다' 하는 거야.

아까 그 애는 물웅덩이가 가득한 곳에서 뛰어놀다가 신발을 적셨지만,

우리는 그 모습을 봤으니 물웅덩이를 피하기도 하고 조심할 수도 있지!

이렇게 말이...

어?

앗.

어, 어,

어라!?

우와, 쟤 좀 봐! 길 한복판에서 비보잉을 하고 있어!

대담하다~

(모른 척)

푼... 이 또한, **타산지석** 他山之石 일진대... 너의 희생(쪽팔림)은 잊지 않을게...

## 캐릭터소개

정푼(5학년)
실수가 잦고 전반적으로 덜렁거리는 편.
그림을 그리거나 만들기 등 창작활동에 재능이 있다.
과자를 좋아한다.

* 아래 QR을 찍으면 동영상이 나옵니다. 동영상을 따라서 한눈에 정리해보아요.

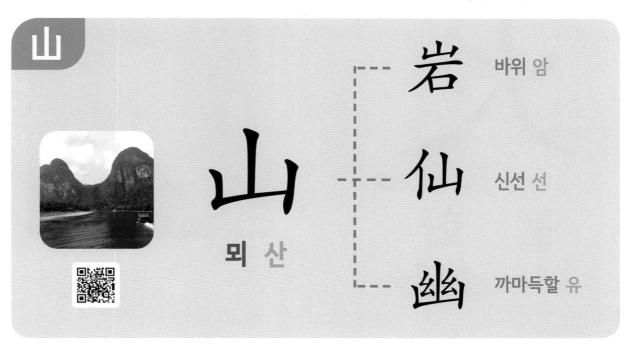

山

山
뫼 산

岩 바위 암

仙 신선 선

幽 까마득할 유

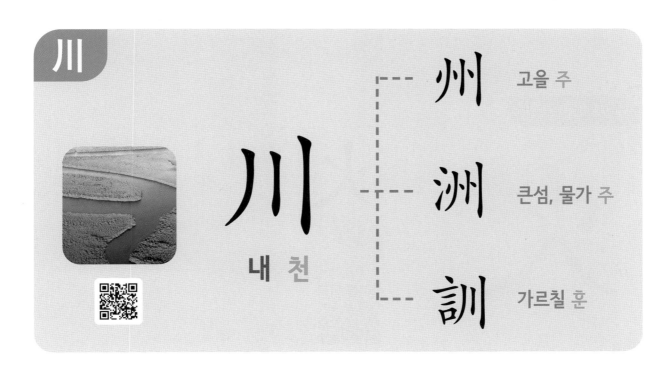

川

川
내 천

州 고을 주

洲 큰섬, 물가 주

訓 가르칠 훈

火

8급

불 화

## 火 알아 보기

옛한자  火불 화는 불길이 치솟는 모양을 본뜬 글자입니다. 가운데 人은 장작을 쌓은 모양, 양 옆의 두 점은 불꽃이 날리는 모양을 나타냅니다.

## 火 따라 쓰기

4획　丶　丷　少　火

| 火 | 火 | 火 | 火 |
|---|---|---|---|
| 불 화 | | | |

↑ 찍으면 획순 영상이 나옵니다.

# 교과서 핵심 어휘

 교과서에 나온 내용을 소리 내어 읽어 보아요.

**국어 4**

## 火星
불화 별성

### 화성

**뜻** **불의 별, 태양계의 네 번째 행성**

火星은 밝게 빛나는 붉은 별이기에 많은 사람들이 관심을 가졌다. 1976년 미국의 바이킹 우주선이 火星에 착륙해 표면의 모습을 지구에 알려주었다.

**사회 6**

## 火田
불화 밭전

### 화전

**뜻** **불로 태워 만든 밭**

열대 기후 지역에서는 전통적으로 火田 농업 방식을 활용해 얌, 카사바 등을 재배했다. 요즘에는 바나나, 기름야자, 커피를 대규모로 재배하기도 한다.

 **핵심 어휘 완성하기!**

*정답 : 244쪽

(1) 1976년 바이킹 우주선이 화성(☐星)에 착륙해 표면의 모습을 지구에 알려주었다.

(2) 열대 기후 지역에서는 전통적으로 화전(☐田)농업 방식을 활용했다.

# 블록 한자

불 화

<<<

災
재앙 재

火災 화재

火

炎
불꽃 염

炎症 염증

氵

淡
싱거울 담

淡水 담수

\* <<<=川 내 천, 氵=水 물 수, 症 증 세 증

## 재앙 재 5급

火불 화 위에 <<<=川내 천을 쓰면 災재앙 재가 되는데, 이 글자는 물과 불로 인해 생겨난 재앙의 뜻을 가지고 있습니다.

 災 따라 쓰기

火災

화 재

뜻 불의 재앙

예 건물의 火災는 걷잡을 수 없을 만큼 번져 있었다.

재앙 재

# 불꽃 염 `3급`

火불 화 위에 火불 화를 한 번 더 쓰기도 합니다. 그러면 炎불꽃 염이 되는데, 이 글자는 불 위에 일어나는 불, 즉 불꽃 모양을 뜻하는 말이 됩니다.

### 炎症
염 증

**뜻** 불꽃 모양의 증세

**예** 炎症으로 인한 통증과 가려움 같은 증상이 일어납니다.

불꽃 염

# 싱거울 담 `3급`

炎불꽃 염에 氵=水물 수를 함께 쓰면 淡싱거울 담이 되는데, 불에 물을 부어 뜨겁지도 않고 차갑지도 않은 상태 즉 '맹숭맹숭한 상태, 싱겁다'는 뜻이 됩니다.

### 淡水
담 수

**뜻** 싱거운 물, 민물

**예** 해수를 淡水로 만드는 것을 해수담수화 기술이라고 한다.

싱거울 담

**1** 네모칸에 알맞은 글자를 넣어 보아요.

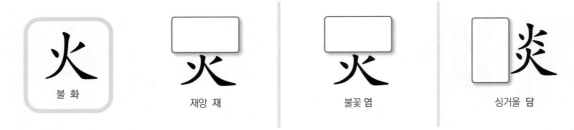

火
불 화

火
재앙 재

火
불꽃 염

炎
싱거울 담

**2** 한자의 음과 뜻을 알맞게 이어 보아요.

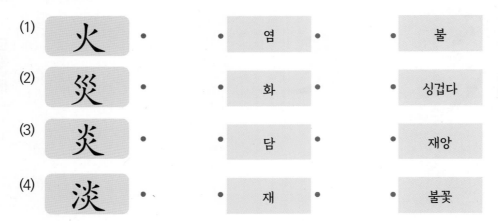

(1) 火 ·   · 염 ·   · 불

(2) 災 ·   · 화 ·   · 싱겁다

(3) 炎 ·   · 담 ·   · 재앙

(4) 淡 ·   · 재 ·   · 불꽃

**3** 빈칸에 알맞은 한자를 써 보아요.

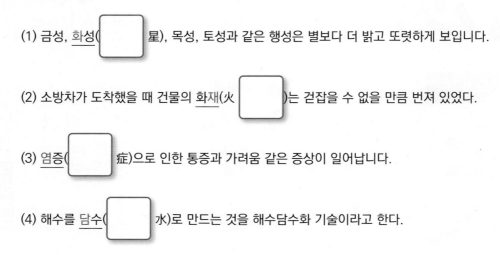

(1) 금성, 화성(☐星), 목성, 토성과 같은 행성은 별보다 더 밝고 또렷하게 보입니다.

(2) 소방차가 도착했을 때 건물의 화재(火☐)는 걷잡을 수 없을 만큼 번져 있었다.

(3) 염증(☐症)으로 인한 통증과 가려움 같은 증상이 일어납니다.

(4) 해수를 담수(☐水)로 만드는 것을 해수담수화 기술이라고 한다.

**4** 내용을 소리 내어 읽고 한자를 한글로 써 보세요.

火星의 흙은 하와이 火山 지대에 있는 흙이나 페루의 팜파스 데라요야 사막에 있는 흙과 비슷합니다. 과학자들은 火星의 흙과 비슷한 지구의 흙에 물과 양분을 주고, 감자, 토마토, 완두콩과 같은 식물을 심어 보았습니다.

*과학 3

〈탐사선이 火星의 흙을 담는 모습〉

........................, ........................

**5** 열쇠의 뜻 풀이를 이용하여 가로 세로 단어 퍼즐을 완성해 보세요.

[가로열쇠 ①] 불로 태워 만든 밭

[세로열쇠 ①] 불의 별, 태양계의 네 번째 행성

**6** QR코드를 찍어 영상을 본 후, 문제를 풀어 보아요.

뜨거워!

핫~

(1) 음: ................. 뜻: .................
관련단어: .................

# 핵심 한자

월 일

# 水

8급

## 물 수

### 水 알아 보기

옛 한자

水물 수는 물이 흐르며 물방울이 튀는 모양을 표현한 글자입니다. 가운데 亅갈고리 궐은 물줄기를, 양옆의 네 점들은 물방울이 튀는 모양을 보여줍니다.

### 水 따라 쓰기

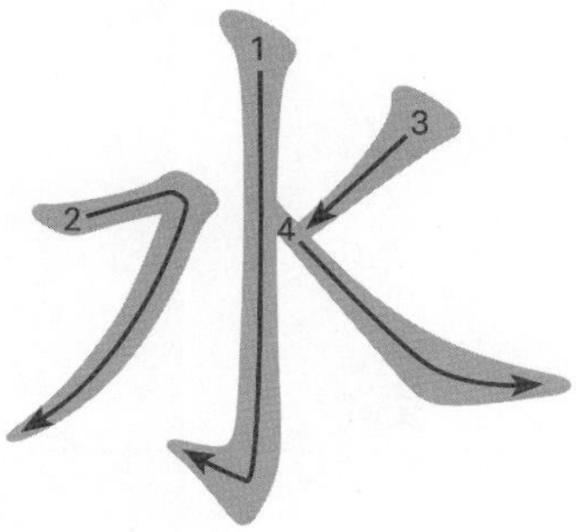

4획 亅 刁 水 水

| 水 | 水 | 水 | 水 |
|---|---|---|---|
| 물 수 | | | |

찍으면 획순 영상이 나옵니다.

# 교과서 핵심 어휘

 교과서에 나온 내용을 소리 내어 읽어 보아요.

## 과학 4

水平
물 수  평평할 평

수평

뜻 **물처럼 기울지 않고 평평함**

물체의 무게는 긴 나무판자와 받침대를 이용해 만든 水平대로 비교할 수 있습니다.

## 과학 5

水性
물 수  성품 성

수성

뜻 **물의 성질, 물에 잘 녹는 성질**

민서는 水性사인펜으로 쓴 탐구일지에 실수로 물을 떨어뜨렸습니다. 그러자 사인펜의 잉크가 번지면서 여러가지 색깔이 나타났습니다.

 핵심 어휘 완성하기!

*정답 : 244쪽

(1) 물체의 무게는 받침대를 이용해 만든 수평(　　　平)대로 비교할 수 있습니다.

(2) 민서는 수성(　　　性)사인펜으로 쓴 탐구일지에 실수로 물을 떨어뜨렸습니다.

# 블록 한자

물 수

 氷
얼음 빙

팥氷水 빙수

 永
영원할 영

永永 영영

 泳
헤엄칠 영

水泳 수영

\* 丶 점주

---

## 얼음 빙 　5급

水물 수의 왼쪽 어깨에 점을 찍으면 氷얼음 빙이 되는데, 작은 점은 얼음 덩어리를 그린 것입니다. 한자에서 얼음은 늘 冫얼음 빙처럼 두 점으로 표시되는데 여기서는 하나만 찍었습니다.

 氷 따라 쓰기

**팥氷水** 　뜻 　팥이 들어간 얼음물

팥 빙 수 　예 　오늘같이 더운 날에는 시원한 팥氷水가 좋지.

얼음 빙

## 영원할 영 `6급`

水물 수의 머리 꼭대기에 점을 찍으면 永영원할 영이 됩니다. 물이 근원에서부터 영원히 흘러가는 것을 표현한 것입니다. 永永영영은 이 글자를 두 번이나 써서 영원을 더 강조한 것입니다.

 永 따라 쓰기

**永永**
영 영

**뜻** 길고 길게. 영원히

**예** 만일 틀린 항아리를 고르면, 너는 엄마를 永永 못 찾게 될 거야.

영원할 영

## 헤엄칠 영 `3급`

水물 수는 다른 글자에 붙어 쓰일 때 氵로 모양이 조금 바뀝니다. 永영원할 영에 氵물 수를 붙여 쓰면 泳헤엄칠 영이 되는데, 헤엄은 물에서 치기 때문에 氵가 붙은 것입니다.

 泳 따라 쓰기

**水泳**
수 영

**뜻** 물에서의 헤엄

**예** 이 폭포는 수심이 매우 깊으므로 水泳을 삼가시기 바랍니다.

헤엄칠 영

# 문제 풀기

**1** 네모칸에 알맞은 글자를 넣어 보아요.

水
물 수

水
얼음 빙

永
영원할 영

永
헤엄칠 영

**2** 한자의 음과 뜻을 알맞게 이어 보아요.

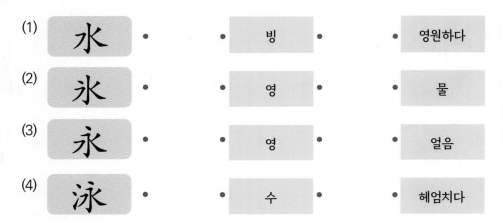

(1) 水 · · 빙 · · 영원하다

(2) 氷 · · 영 · · 물

(3) 永 · · 영 · · 얼음

(4) 泳 · · 수 · · 헤엄치다

**3** 빈칸에 알맞은 한자를 써 보아요.

(1) 수평(　　　 平) 잡기의 원리는 시소를 탈 때에도 확인할 수 있습니다.

(2) 오늘같이 더운 날에는 시원한 팥빙수(　　　 水)가 좋지.

(3) 만일 틀린 항아리를 고르면, 너는 엄마를 영영(　　　　　　) 못 찾게 될 거야.

(4) 이 폭포는 수심이 매우 깊으므로 수영(水　　　)을 삼가시기 바랍니다.

## 4 내용을 소리 내어 읽고 한자를 한글로 써 보세요.

전자 저울의
水平을 맞추려면 공기 방울
이 검은색 원 안의 한가운데
와야 해요.

*과학 4

_____

## 5 열쇠의 뜻 풀이를 이용하여 가로 세로 단어 퍼즐을 완성해 보세요.

[가로열쇠 ①] 물의 성질, 물에 잘 녹는 성질

[세로열쇠 ①] 물처럼 기울지 않고 평평함

## 6 QR코드를 찍어 영상을 본 후, 문제를 풀어 보아요.

영영

무한대로
흘러가네.

(1) 음: _____ 뜻: _____

관련단어: _____

# 한자성어

> **명약관화**
> (明若觀火)

불을 보듯이 뻔함, 어떤 일의 속 사정이 훤히 들여다보임.
[밝을 明, 같을 若, 볼 觀]

여러분, 선생님은 슬프게도 아침을 못 먹었어요.

그래서 간식으로 초코초코칩을 가지고 왔는데...

잠시 자리를 비운 사이에... 누군가가!

탈 탈 탈

크흥...

선생님의 간식을 다 먹어버렸지 뭐예요!

물론, 먹어도 괜찮아요. 하지만 먹기 전에 한번쯤은 물어보는 게 좋겠죠?

훌쩍...

선생님 진짜 운다...

아무튼, 범인이 너무 불 보듯 뻔해서, 여기서 뭘 더 어쩔까 싶긴 한데...

일단 변명은 들어보도록 하겠습니다.

크흥

라리, 왜 그랬나요?

움찔

네!?

참나, 어처구니가 없네... 어떻게 알았어요?

?

자네 입가를 보면 명약관화 明若觀火 한 일이지 않나.

그런데 저는 반만 먹었는데요.

사또, 저놈은 혼자 사또의 귀한 주전부리를 홀랑 다 까먹은 아주 괘씸한 놈입니다!

철썩!

어서 저놈에게 부채질 10분 형을 내리시지요!

용이와 라리는 사이좋게 혼났습니다.

## 캐릭터소개

은라리(5학년)
까칠하다. 뭐든 귀찮아해서 공부도 잘 안 하고 땡땡이를 자주 치는 등 수업태도가 불량하다. PC방에 가는 걸 좋아한다.

# ▷ 블록한자

* 아래 QR을 찍으면 동영상이 나옵니다. 동영상을 따라서 한눈에 정리해보아요.

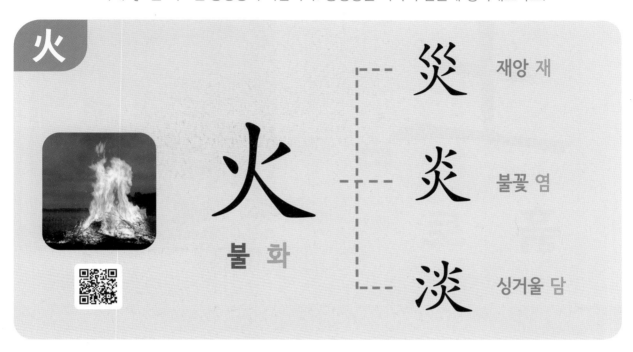

火

火 불 화

災 재앙 재

炎 불꽃 염

淡 싱거울 담

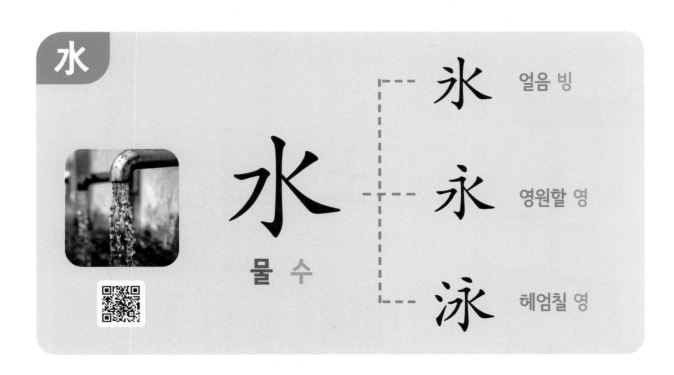

水

水 물 수

氷 얼음 빙

永 영원할 영

泳 헤엄칠 영

# 핵심 한자

월 일

# 土

8급

## 흙 토

### 土 알아 보기

옛 한자

土흙 토는 만물이 자라는 땅을 뜻하는 글자입니다. 옛 한자와 글자에서 보이듯이 제일 아래에 있는 一은 땅, 十은 그 위에서 자라는 식물들입니다.

### 土 따라 쓰기

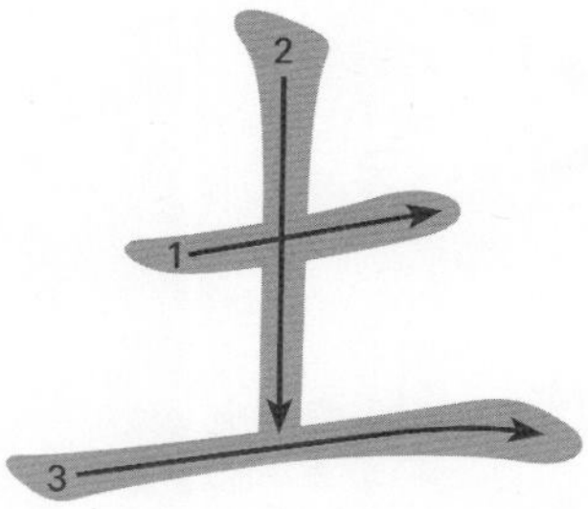


3획 一 十 土

| 土 | 土 | 土 | 土 |
|---|---|---|---|
| 흙 토 | | | |

찍으면 획순 영상이 나옵니다.

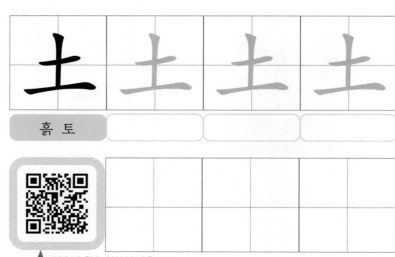

# 교과서 핵심 어휘

 교과서에 나온 내용을 소리 내어 읽어 보아요.

**국어 3**

土박이말
흙 토

토박이말

뜻 **우리 땅의 말**

土박이말은 우리말에 본디부터 있던 말이나 그것에 더해 새로 만들어진 말이다. 다른 말로 순우리말, 고유어라고도 한다.

**사회 3**

土卵
흙 토 알 란

토란

뜻 **흙에서 나는 알 모양의 식물**

추석에는 한 해 동안 농사지은 곡식과 과일을 수확하고 조상들께 감사의 의미로 차례를 지내고 성묘를 했습니다. 그리고 마을 사람들이 모여 송편과 土卵국과 같은 음식을 먹기도 하였습니다.

 **핵심 어휘 완성하기!**

*정답 : 244쪽

(1) 토(　　　)박이말은 우리말에 본디부터 있던 말로 순우리말이라고도 한다.

(2) 추석에는 송편과 토란(　　　卵)국과 같은 음식을 먹기도 하였습니다.

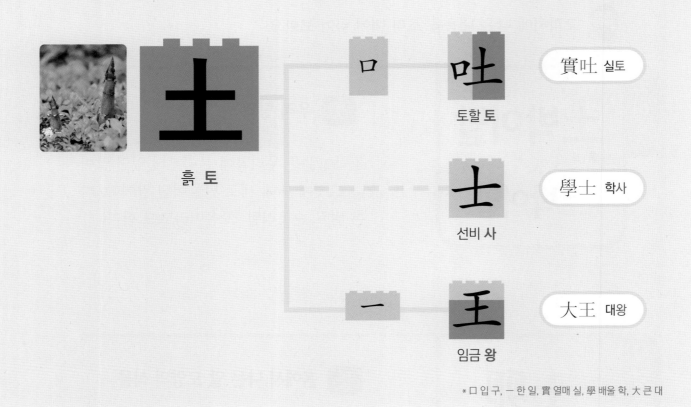

흙 토

| | 吐 토할 토 | 實吐 실토 |
| 口 | 士 선비 사 | 學士 학사 |
| 一 | 王 임금 왕 | 大王 대왕 |

*口 입구, 一 한일, 實 열매 실, 學 배울 학, 大 큰 대

### 토할 토　3급

土흙 토에 口입 구를 더하면 吐토할 토가 됩니다. '토 나온다'할 때 그 '토'입니다. 吐가 입으로 나오기 때문에 口가 붙었습니다.

吐 따라 쓰기

**實吐**　　뜻　사실대로 토함

실 토　　예　검찰은 과학적인 수사기법으로 범인의 實吐를 받아 냈다.

| 吐 | 吐 | | | |
|---|---|---|---|---|
| 토할 토 | | | | |

## 선비 사  5급

土흙 토는 잘못 쓰면 士선비 사와 혼동될 수 있습니다. 땅을 강조하여 길게 쓴 것이 土, 두 팔을 벌린 사람을 강조한 것이 士입니다.

### 土 따라 쓰기

### 學士
학 사

뜻 배운 선비

예 대학교를 졸업하면 學士가 된다.

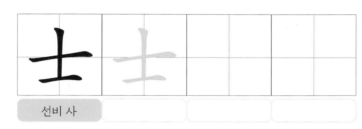

선비 사

## 임금 왕  8급

土흙 토 위에 一한 일자를 그으면 王임금 왕이 됩니다. 원래 王은 날카로운 도끼를 든 사람 ♙에서 생겨난 글자인데, 土, 士와 형태가 비슷하므로 여기에서 같이 배웁니다.

### 王 따라 쓰기

### 大王
대 왕

뜻 위대한 왕

예 펄벅은 "세종大王은 한국의 레오나르도 다빈치"라며 칭찬했다.

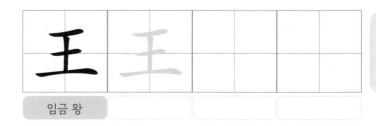

임금 왕

## 1 네모칸에 알맞은 글자를 넣어 보아요.

土
흙 토

土
토할 토

士
선비 사

王
임금 왕

## 2 한자의 음과 뜻을 알맞게 이어 보아요.

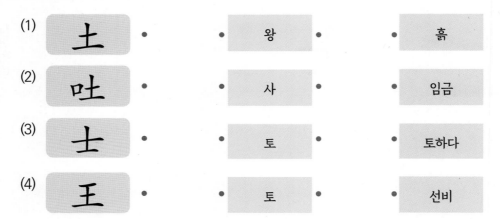

(1) 土 · · 왕 · · 흙

(2) 吐 · · 사 · · 임금

(3) 士 · · 토 · · 토하다

(4) 王 · · 토 · · 선비

## 3 빈칸에 알맞은 한자를 써 보아요.

(1) 토란(　　　卵)국이 이렇게 구수하고 맛있는지 이번에 처음 알았어요.

(2) 검찰은 과학적인 수사기법으로 범인의 실토(實　　　)를 받아 냈다.

(3) 대학교를 졸업하면 학사(學　　　)가 되고, 대학원을 모두 졸업하면 박사가 된다.

(4) 펄벅은 "세종대왕(世宗大　　　)은 한국의 레오나르도 다빈치"라며 칭찬을 아끼지 않았다.

**4** 내용을 소리 내어 읽고 한자를 한글로 써 보세요.

> 추석에는 한 해 동안 농사지은 곡식과 과일을 수확하고 조상들께 감사의 의미로 차례를 지내고 성묘를 했습니다. 그리고 송편과 土卵국 을 먹었습니다.

*사회 4

---

**5** 열쇠의 뜻 풀이를 이용하여 가로 세로 단어 퍼즐을 완성해 보세요.

① 박 이 말

卵

[가로열쇠 ①] 우리 땅의 말

[세로열쇠 ①] 흙에서 나는 알 모양의 식물

**6** QR코드를 찍어 영상을 본 후, 문제를 풀어 보아요.

내가 왕이다

전하~

(1) 음: ＿＿＿＿＿＿　뜻: ＿＿＿＿＿＿

관련단어: ＿＿＿＿＿＿＿＿＿＿

8급

## 나무 목

### 木 알아보기

옛한자

木나무 목은 나무의 모양을 본뜬 글자입니다. 가운데 세로 획 ㅣ뚫을 곤은 나무의 줄기, 윗부분은 가지, 아랫부분은 뿌리를 나타냅니다.

### 木 따라 쓰기

4획 一 十 才 木

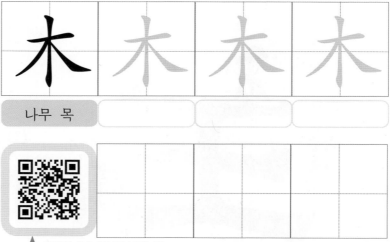

나무 목

↑찍으면 획순 영상이 나옵니다.

교과서에 나온 내용을 소리 내어 읽어 보아요.

**국어 1**

## 木馬
나무 목  말 마

## 목마

**뜻** 나무로 만든 말

土요일 아침이다. 우리 가족은 놀이 공원으로 출발했다. 회전 木馬를 탈 생각에 신이 났다. 어머니와 나는 말 등에 타고, 동생과 아버지는 마차에 탔다.

**국어 4**

## 木花
나무 목  꽃 화

## 목화

**뜻** 나무 꽃, 면화

옛날 어느 마을에 木花 장수 네 사람이 살았다. 그들은 싼 木花가 있으면 함께 사서 큰 광 속에 보관해 두었다가 값이 오르면 팔았다.

 **핵심 어휘 완성하기!**

*정답 : 244쪽

(1) 기다리던 토요일 아침이다. 회전 목마( ☐ 馬)를 탈 생각에 신이 났다.

(2) 그 광에는 쥐가 많아 목화( ☐ 花)를 어지럽히기도 하고 오줌을 싸기도 했다.

# 블록 한자

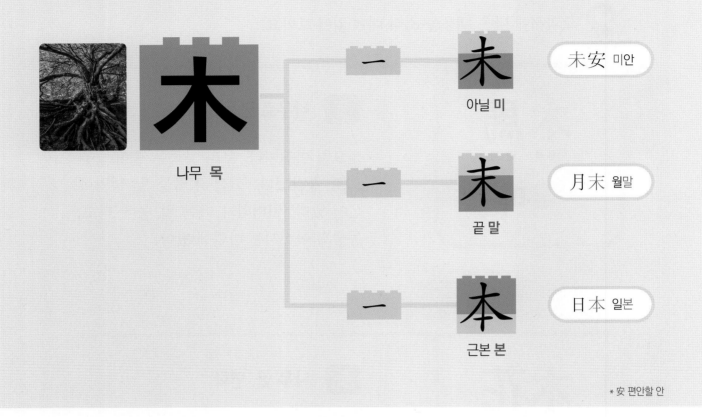

木
나무 목

一 → 未
아닐 미
未安 미안

一 → 末
끝 말
月末 월말

一 → 本
근본 본
日本 일본

\* 安 편안할 안

## 아닐 미 [4급]

木나무 목 위에 짧게 ―한 일을 그으면 未아닐 미가 됩니다. 아직 나뭇잎이 짧게 덜 자란 모습을 표현한 것인데, '아직, 아니다'란 뜻을 가집니다.

未 따라 쓰기

### 未安
미 안

| 뜻 | 편안하지 않음 |
| 예 | 상진이도 未安했는지 옆에서 조금씩 거들었다. |

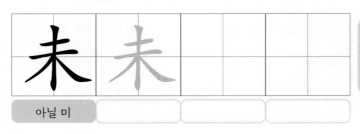

아닐 미

60

## 끝 말 `5급`

木나무 목 위에 긴 一한 일을 그으면 末끝 말이 됩니다. 가로로 긴 한 획을 그어 나무의 끝을 강조한 것으로 '끝, 마지막'이란 뜻이 됩니다.

### 月末 뜻 달의 끝

월 말 예 그는 은행원이라 月末에 일이 무척 많다.

| 末 | 末 | | | |
|---|---|---|---|---|
| 끝 말 | | | | |

## 근본 본 `6급`

木나무 목의 줄기 아래쪽에 一한 일을 그으면 本근본 본이 됩니다. 나무의 뿌리 쪽을 강조한 것인데, '밑, 근본'을 뜻하는 말이 됩니다.

### 日本 뜻 해의 근본, 나라 이름

일 본 예 우리 겨레가 불행하게도 日本에 나라를 빼앗겼습니다.

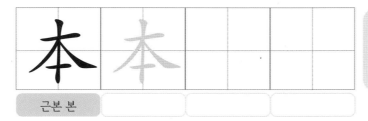

| 本 | 本 | | | |
|---|---|---|---|---|
| 근본 본 | | | | |

# 문제 풀기

**1** 네모칸에 알맞은 글자를 넣어 보아요.

木
나무 목

未
아닐 미

末
끝 말

本
근본 본

**2** 한자의 음과 뜻을 알맞게 이어 보아요.

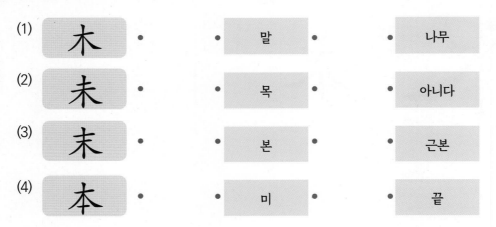

(1) 木 · · 말 · · 나무

(2) 未 · · 목 · · 아니다

(3) 末 · · 본 · · 근본

(4) 本 · · 미 · · 끝

**3** 빈칸에 알맞은 한자를 써 보아요.

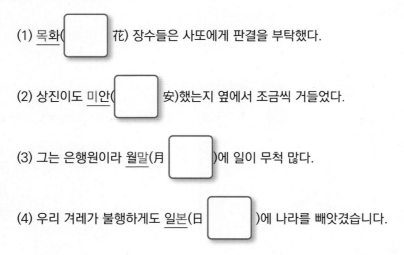

(1) <u>목화</u>(　　花) 장수들은 사또에게 판결을 부탁했다.

(2) 상진이도 <u>미안</u>(　　安)했는지 옆에서 조금씩 거들었다.

(3) 그는 은행원이라 <u>월말</u>(月　　)에 일이 무척 많다.

(4) 우리 겨레가 불행하게도 <u>일본</u>(日　　)에 나라를 빼앗겼습니다.

4 내용을 소리 내어 읽고 한자를 한글로 써 보세요.

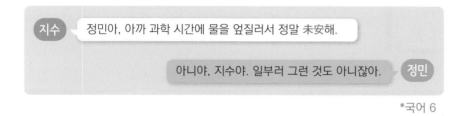

지수 | 정민아, 아까 과학 시간에 물을 엎질러서 정말 未安해.

아니야, 지수야. 일부러 그런 것도 아니잖아. | 정민

*국어 6

------------------------------------

5 열쇠의 뜻 풀이를 이용하여 가로 세로 단어 퍼즐을 완성해 보세요.

[가로열쇠 ①] 나무 꽃, 면화

[세로열쇠 ①] 나무로 만든 말

6 QR코드를 찍어 영상을 본 후, 문제를 풀어 보아요.

(1) 음: _____ 뜻: _____

관련단어: _____

만화로 배우는
# 한자성어

" 권토중래
(捲土重來) "

흙을 말아 올리면서 다시 옴, 맹렬한 기세로 다시 쳐들어온다는 뜻으로 한 번 실패했지만 힘을 회복하여 다시 도전함.
[말 捲, 거듭 重, 올 來]

## 캐릭터소개

한바다(5학년)
야무지고 똑부러지는 성격.
할 말이 있으면 꼭 해야 직성이 풀린다.
절대 참지 않는 편.

* 아래 QR을 찍으면 동영상이 나옵니다. 동영상을 따라서 한눈에 정리해보아요.

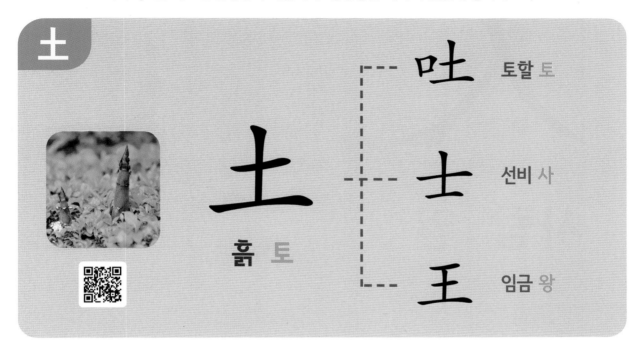

土

흙 토

吐 토할 토

士 선비 사

王 임금 왕

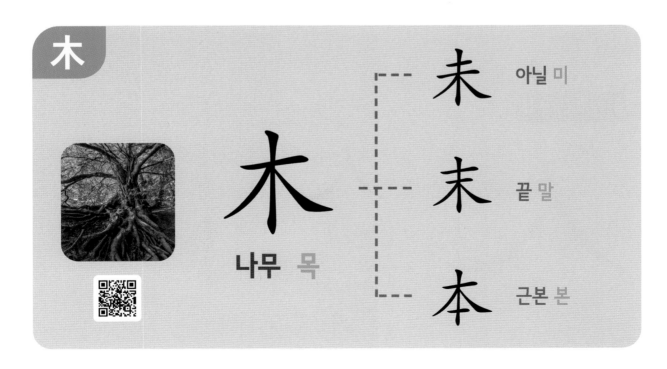

木

나무 목

未 아닐 미

末 끝 말

本 근본 본

人

8급

**사람 인**

### 人 알아보기

| 옛 한자 | 𠆢 |
|---|---|

人사람 인은 사람의 모양을 본뜬 글자입니다. 사람의 몸과 두 다리가 잘 그려져 있습니다.

### 人 따라 쓰기

2획 丿 人

| 人 | 人 | 人 | 人 |
|---|---|---|---|

사람 인

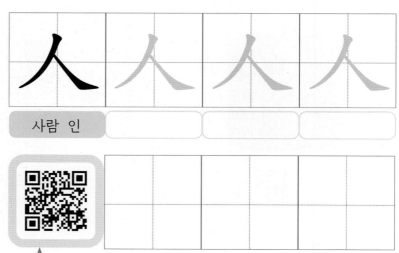

↑찍으면 획순 영상이 나옵니다.

교과서에 나온 내용을 소리 내어 읽어 보아요.

---

**사회 3**

## 巨人
클 거 · 사람 인

## 거인

**뜻** 큰 사람

설문대 할망은 巨人이었어. 바닷속의 흙을 삽으로 떠서 제주도를 만들었다고 해. 그럼 한라산은 어떻게 만들었을까? 치마폭에 흙을 담아 옮겨 와서 한라산을 만들었대.

---

**국어 4**

## 人間
사람 인 · 사이 간

## 인간

**뜻** 사람을 한자어로 이르는 말

지구의 막내이지만 人間은 지능이 높고 다른 동물보다 뛰어난 점이 분명 있어요. 하지만 人間에게만 있다고 여겼던 능력이 다른 동물에게서 발견되는 경우도 많아요.

---

 **핵심 어휘 완성하기!**

*정답 : 245쪽

(1) 제주도의 설문대 할망은 거인(巨 □ )이었어.

(2) 인간( □ 間)에게만 있다고 여겼던 능력이 다른 동물에게서 발견되는 경우도 많아요.

# 블록 한자

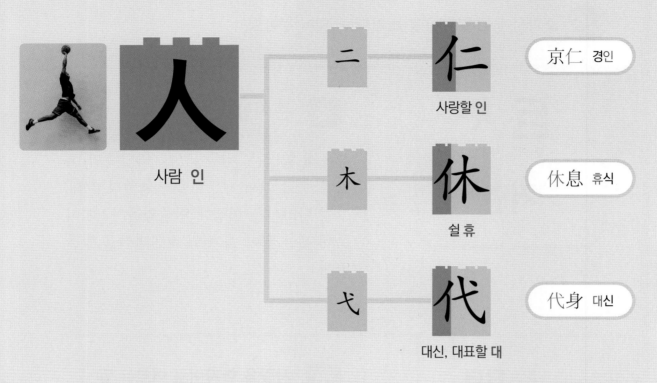

| | | |
|---|---|---|
| 人 사람 인 | 二 → 仁 사랑할 인 | 京仁 경인 |
| | 木 → 休 쉴 휴 | 休息 휴식 |
| | 弋 → 代 대신, 대표할 대 | 代身 대신 |

\* 二 두 이, 弋 주살 익, 京 서울 경, 息 쉴 식, 身 몸 신

## 사랑할 인  4급

人사람 인은 다른 글자와 함께 쓰이면 亻이 될 때가 많습니다. 亻사람 인과 二두 이의 결합인 仁사랑할 인은 '두 사람'을 나타냅니다. 사람과 사람이 서로 사랑하며 어울려 살아야 한다는 도리를 담고 있는 글자입니다.

 仁 따라 쓰기

 京仁
경 인

뜻 서울과 인천

예 京仁 아라뱃길이 수상 레저의 새로운 명소로 부상하고 있다.

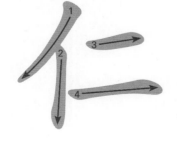

| 仁 | 仁 | | | | |
|---|---|---|---|---|---|
| 사랑할 인 | | | | | |

# 쉴 휴 7급

イ사람 인과 木나무 목의 결합인 休쉴 휴는 나무 곁에서 쉬는 사람의 모습을 본뜬 글자입니다. 나무 곁에서 쉬니 얼마나 편할까요. 休日휴일, 休息휴식 등에 쓰입니다.

 休 따라 쓰기

## 休息 뜻 쉬고 숨 쉼
휴 식 예 갯벌은 철새들이 休息하기 위해 머무는 장소이기도 합니다.

쉴 휴

# 대신, 대표할 대 6급

代대신, 대표할 대는 イ사람 인과 弋주살 익의 결합입니다. 주살은 줄에 매달아 놓고 쏘는 연습용 화살인데 몇 번을 대신하여 쏜다고 하여 '대신할 대'라는 뜻을 가지게 되었습니다. 世代세대라는 뜻도 지니고 있는데, 역시 아들이 아버지를 대신한다는 뜻입니다.

 代 따라 쓰기

## 代身 뜻 몸을 교대함
대 신 예 사람에게 위험한 일을 인공지능이 代身합니다.

대신, 대표할 대

# 문제 풀기

**1** 네모칸에 알맞은 글자를 넣어 보아요.

人
사람 인

亻
사랑할 인

亻
쉴 휴

亻
대신, 대표하다 대

**2** 한자의 음과 뜻을 알맞게 이어 보아요.

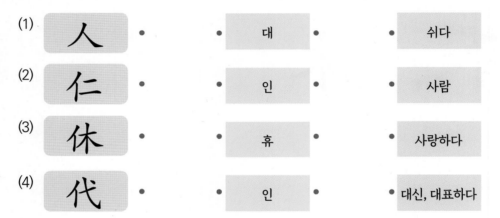

(1) 人 · · 대 · · 쉬다

(2) 仁 · · 인 · · 사람

(3) 休 · · 휴 · · 사랑하다

(4) 代 · · 인 · · 대신, 대표하다

**3** 빈칸에 알맞은 한자를 써 보아요.

(1) 인간(☐間)과 로봇이 함께 살아가는 방법을 찾아야 한다.

(2) 경인(京☐) 아라뱃길이 수상 레저의 새로운 명소로 부상하고 있다.

(3) 갯벌은 철새들이 휴식(☐息)하거나 번식하기 위해 머무는 장소이기도 합니다.

(4) 사람에게 위험한 일을 인공지능이 대신(☐身)합니다.

**4** 내용을 소리 내어 읽고 한자를 한글로 써 보세요.

환경 운동가인 왕가리 마타이에게 환경을 보호하는 방법은 나무를 심는 것이었다. 그녀는 다른 사람들이 은퇴를 하고 休息을 취할 무렵인 노년에도 환경 보호 운동에 앞장섰다.

*국어 6

**5** 열쇠의 뜻 풀이를 이용하여 가로 세로 단어 퍼즐을 완성해 보세요.

[가로열쇠 ①] 큰 사람

[세로열쇠 ②] 사람을 한자어로 이르는 말

**6** QR코드를 찍어 영상을 본 후, 문제를 풀어 보아요.

우리 교대할까?

대신 해!

(1) 음: _____  뜻: _____

관련단어: _____

生 8급

## 살 생

### 生 알아보기

옛한자

生살 생은 땅에서 식물이 자라 올라오는 모습을 본뜬 글자입니다. 가지를 고부려 올린 것이 出날 출이라면 生은 그냥 평평하게 그린 후 점 하나를 찍어 가지 끝의 잎을 특징 있게 표현했습니다.

### 生 따라 쓰기

| 生 | 生 | 生 | 生 |
|---|---|---|---|
| 살 생 | | | |

5획  ノ 广 ┝ 生 生

↑ 찍으면 획순 영상이 나옵니다.

교과서에 나온 내용을 소리 내어 읽어 보아요.

**국어 4**

# 先生
먼저 선  살 생

## 선생

뜻 **먼저 태어남, 스승**

1887년 3월 3일은 헬렌 켈러의 생애에서 가장 중요한 날입니다. 헬렌의 운명을 바꾸어 놓은 앤 설리번 先生님을 만난 날이기 때문입니다.

**국어 4**

# 生命
살 생  목숨 명

## 생명

뜻 **살아 있는 목숨**

인간은 종종 자신을 동물보다 훨씬 뛰어나고 특별하다고 여깁니다. 이런 눈으로 세상을 보면 인간 외의 다른 生命은 작고 하찮게 생각하게 됩니다.

 **핵심 어휘 완성하기!**

*정답 : 245쪽

(1) 헬렌은 여덟 살 때 설리번 선생(先☐님을 만난 것입니다.

(2) 지구의 주인은 인간이 아니고 인간만이 특별한 생명(☐命)체도 아니랍니다.

# 블록 한자

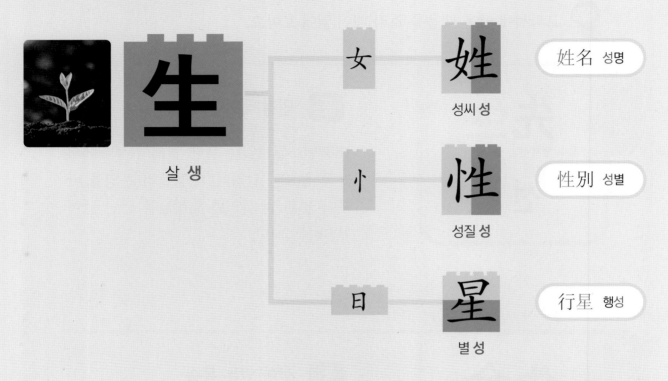

生 살 생

女 → 姓 성씨 성 → 姓名 성명

忄 → 性 성질 성 → 性別 성별

日 → 星 별 성 → 行星 행성

\* 女 여자 녀, 忄=心 마음 심, 氏 성 씨, 別 다를 별, 行 갈 행

姓

## 성씨 성 [7급]

生살 생과 함께 쓰는 글자는 많습니다. 生에 女여자 녀를 쓰면 姓성씨 성이 됩니다. 성씨를 지닌 아이는 여인의 몸을 통해 태어나기에 女를 붙였습니다.

姓 따라 쓰기

姓名
성 명

| 뜻 | 성과 이름 |
| 예 | 그는 나를 보자마자 대뜸 姓名이 뭐냐고 물었다. |

| 姓 | 姓 | | | |
|---|---|---|---|---|
| 성씨 성 | | | | |

## 성질 성  5급

生살 생에 忄마음 심을 붙여 쓰면 性성질 성이 됩니다. 마음속에 생긴 성질이라는 뜻입니다. 사람의 속을 칭하는 人性인성이나 물건의 속을 칭할 때 쓰는 性質성질에 들어가는 글자입니다.

### 性 따라쓰기

### 性別   뜻  성의 구별. 남녀의 구별
성 별   예  옛날의 옷차림은 신분과 性別에 따라 달랐다.

성질 성

## 별 성  4급

日해 일을 生살 생에 붙여 쓰면 星별 성이 됩니다. 별은 日이 지면서 生한 것이라고 생각하면 쉽습니다. 水星수성, 金星금성, 火星화성, 木星목성, 土星토성 등 많은 별들에 들어갑니다.

### 星 따라쓰기

### 行星   뜻  움직이는 별
행 성   예  지구처럼 태양의 주위를 도는 천체를 行星이라고 합니다.

별 성

# 문제 풀기

## 1 네모칸에 알맞은 글자를 넣어 보아요.

生 살 생　　□生 성씨 성　　□生 성질 성　　□生 별 성

## 2 한자의 음과 뜻을 알맞게 이어 보아요.

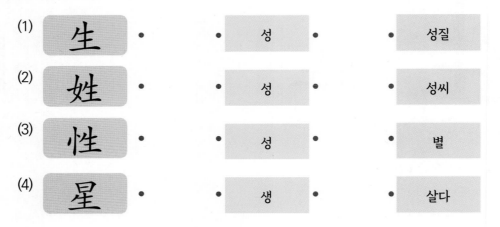

(1) 生 ・　・ 성 ・　・ 성질

(2) 姓 ・　・ 성 ・　・ 성씨

(3) 性 ・　・ 성 ・　・ 별

(4) 星 ・　・ 생 ・　・ 살다

## 3 빈칸에 알맞은 한자를 써 보아요.

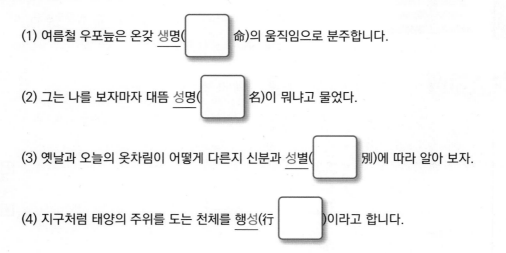

(1) 여름철 우포늪은 온갖 생명(□命)의 움직임으로 분주합니다.

(2) 그는 나를 보자마자 대뜸 성명(□名)이 뭐냐고 물었다.

(3) 옛날과 오늘의 옷차림이 어떻게 다른지 신분과 성별(□別)에 따라 알아 보자.

(4) 지구처럼 태양의 주위를 도는 천체를 행성(行□)이라고 합니다.

**4** 내용을 소리 내어 읽고 한자를 한글로 써 보세요.

윤 군(윤봉길)은 자기 시계를 나에게 꺼내 주며 "이 시계는 어제 선서식 후에 先生님 말씀대로 6원을 주고 산 시계인데 先生님 시계는 2원짜리니 저하고 바꿉시다. 제 시계는 앞으로 한 시간밖에는 쓸 수가 없으니까요." 하기에 나도 기념으로 윤 군의 시계를 받고 내 시계를 윤 군에게 주었다.

−『백범 일지』,「윤봉길의 의거」

*사회 6

**5** 열쇠의 뜻 풀이를 이용하여 가로 세로 단어 퍼즐을 완성해 보세요.

[가로열쇠 ①] 먼저 태어남, 스승

[세로열쇠 ②] 살아 있는 목숨

**6** QR코드를 찍어 영상을 본 후, 문제를 풀어 보아요.

(1) 음: _____ 뜻: _____

관련단어: _____

# 만화로 배우는
## 한자성어

"안하무인
(眼下無人)"

눈 아래에 사람이 없음, 매우 오만함.
[눈 眼, 아래 下, 없을 無]

# 📺 블록한자

\* 아래 QR을 찍으면 동영상이 나옵니다. 동영상을 따라서 한눈에 정리해보아요.

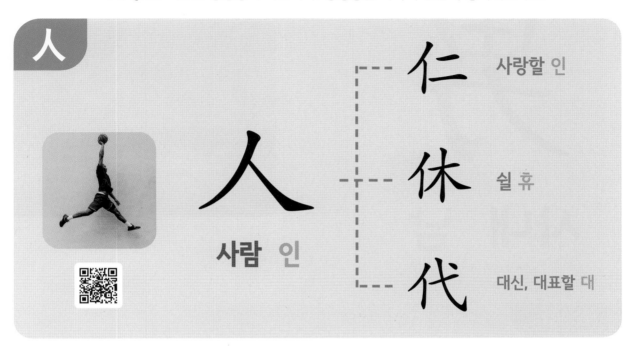

人

**人** 사람 인

仁 사랑할 인

休 쉴 휴

代 대신, 대표할 대

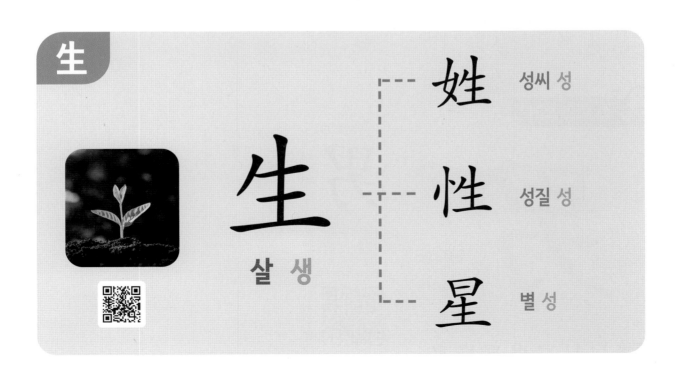

生

**生** 살 생

姓 성씨 성

性 성질 성

星 별 성

**사내 남** 7급

## 男 알아보기

옛한자 田

男사내 남은 田밭 전에서 力힘 력을 쓰는 사람이란 데서 나온 글자입니다. 주로 '사내'가 밭에서 힘을 쓰면서 일을 했기 때문에 '사내 남'이 되었습니다.

**男 따라 쓰기**

| 男 | 男 | 男 | 男 |
|---|---|---|---|
| 사내 남 | | | |

7획 ㅣ 冂 冃 田 田 甼 男

↳ 찍으면 획순 영상이 나옵니다.

교과서에 나온 내용을 소리 내어 읽어 보아요.

**국어 2**

## 男子
사내 남  아들 자

## 남자

**뜻** 사내

이번 달의 제 짝은 男子아이입니다. 어제 저와 함께 줄넘기를 하고 놀았습니다. 제 짝은 잘하는 것이 많습니다.

**사회 4**

## 男女
사내 남  여자 녀

## 남녀

**뜻** 남자와 여자

옛날에는 마을 사람들이 함께 윷놀이를 하면서 마을의 평안과 풍년을 기원했습니다. 윷놀이는 장소에 크게 영향을 받지 않고 男女노소 누구나 즐길 수 있습니다.

 **핵심 어휘 완성하기!**

*정답 : 245쪽

(1) 이번 달의 제 짝은 남자(☐子)아이입니다.

(2) 윷놀이는 남녀노소(☐女노소)누구나 즐길 수 있습니다.

# 블록 한자

* 사내 男은 파생자가 없으므로 아랫 부분 力의 파생자를 배워보아요.

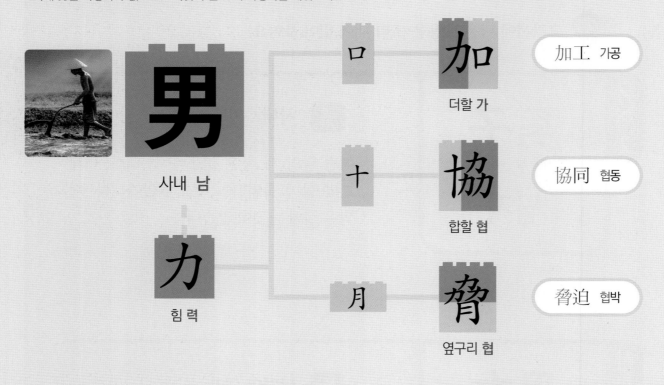

男 사내 남

力 힘 력

口 + 力 = 加 더할 가 → 加工 가공

十 + 力 = 協 합할 협 → 協同 협동

月 + 力 = 脅 옆구리 협 → 脅迫 협박

*十 열 십, 月 = 肉 고기 육, 工 장인 공, 同 같을 동, 迫 다그칠 박

## 더할 가  5급

힘을 쓸 때, 口입 구로 '으라차차' 소리를 내며 力힘 력을 쓰면 힘이 더 나지요? 그래서 力과 口를 함께 쓴 加더할 가는 '(힘을) 더하다'라는 뜻을 지닙니다.

加工  뜻 작업을 더함

가 공  예 깃털 책가방은 특수한 加工으로 품질을 인정받아 수출합니다.

더할 가

## 합할 협 [4급]

세 명의 力이 모인 劦힘합할 협, 그것을 더 강조한 協합할 협은 모두 '힘을 합하다'란 뜻입니다. 많은 힘을 보다 강조하기 위해 十열 십을 붙인 것입니다.

協同 **뜻** 같이 합함

협 동 **예** 백짓장도 맞들면 낫다고 했습니다. 친구와 協同합시다.

합할 협

## 옆구리 협 [3급]

劦힘합할 협 아래 月=肉고기 육을 써서 신체의 일부를 나타내기도 합니다. 脅옆구리 협이 그것입니다. 이 글자는 누군가의 옆구리를 쿡 찌르며 '협박한다'는 뜻을 지니고 있기도 합니다.

脅迫 **뜻** 옆구리를 찌름

협 박 **예** 강도의 脅迫에 못 이겨 금품을 내주었다.

옆구리 협

# 문제 풀기

**1** 네모칸에 알맞은 글자를 넣어 보아요.

男
사내 남

力
더할 가

協
합할 협

協
옆구리 협

**2** 한자의 음과 뜻을 알맞게 이어 보아요.

(1) 男 · · 협 · · 사내

(2) 加 · · 협 · · 옆구리

(3) 協 · · 남 · · 더하다

(4) 脅 · · 가 · · 합하다

**3** 빈칸에 알맞은 한자를 써 보아요.

(1) 옛날에는 주로 남자(　　子)들이 농사를 짓거나 장사를 했습니다.

(2) 깃털 책가방은 특수한 가공(　　工)으로 품질을 인정받아 해외로 수출합니다.

(3) 백짓장도 맞들면 낫다고 했습니다. 친구와 협동(　　同)합시다.

(4) 강도의 협박(　　迫)에 못 이겨 금품을 내주었다.

4 내용을 소리 내어 읽고 한자를 한글로 써 보세요.

> 공공 기관은 각각 하는 일이 정해져 있지만 때로는 다른
> 기관과 協力해 일을 합니다. 학교는 공공 기관과 어떤
> 일을 함께하는지 살펴봅시다.
>
> *사회 4

5 열쇠의 뜻 풀이를 이용하여 가로 세로 단어 퍼즐을 완성해 보세요.

[가로열쇠 ①] 남자와 여자

[세로열쇠 ①] 사내

6 QR코드를 찍어 영상을 본 후, 문제를 풀어 보아요.

(1) 음: ＿＿＿＿＿＿＿＿  뜻: ＿＿＿＿＿＿＿＿＿＿

관련단어: ＿＿＿＿＿＿＿＿＿＿＿＿＿＿＿＿＿＿

女

8급

여자 녀

## 女 알아보기

| 옛 한자 | 女여자 녀는 옛 글자에서 보이듯이 여인이 앉은 모습을 본뜬 글자입니다. 이것을 간략히 스케치하여 현대의 한자가 되었습니다. |

## 女 따라 쓰기

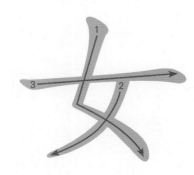

3획　くん女

| 女 | 女 | 女 | 女 |

여자 녀

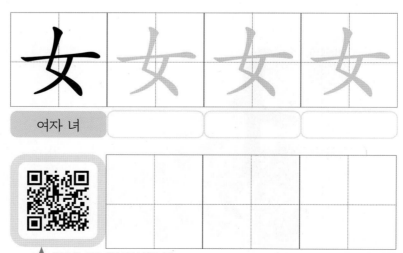

↑ 찍으면 획순 영상이 나옵니다.

교과서에 나온 내용을 소리 내어 읽어 보아요.

국어 3

## 少女
적을 소   여자 녀

## 소녀

뜻 **나이가 적은 여자**

꽃을 사랑하는 少女 리디아는 아버지가 일자리를 잃고 생활이 어려워지자 도시에서 빵가게를 하는 외삼촌댁으로 가게 된다.

사회 5

## 修女
닦을 수   여자 녀

## 수녀

뜻 **수양하는 여인**

다른 나라에도 인권 신장을 위해 노력한 사람들이 있다. 테레사 修女는 가난하고 아픈 사람들을 위해 평생을 바쳤고, 마틴 루터 킹은 백인에게 차별받는 흑인의 인권을 신장시키고자 노력했다.

 **핵심 어휘 완성하기!**

*정답 : 245쪽

(1) 꽃을 사랑하는 소녀(少 ☐ ) 리디아는 도시에서 빵 가게를 하는 외삼촌 댁으로 가게 된다.

(2) 테레사 수녀(修 ☐ )는 가난하고 아픈 사람들을 위해 평생을 바쳤다.

# 블록 한자

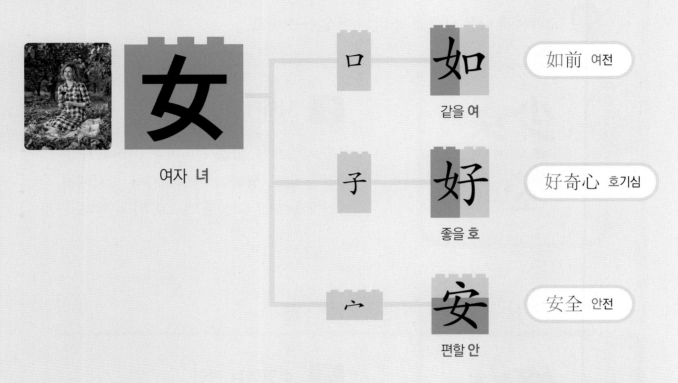

女 여자 녀

口 → 如 같을 여 → 如前 여전

子 → 好 좋을 호 → 好奇心 호기심

宀 → 安 편할 안 → 安全 안전

\* 宀 집 면, 前 앞 전, 奇 기이할 기, 心 마음 심, 全 온전할 전

## 같을 여  4급

女여자 녀에 口입 구를 붙이면 如같을 여가 됩니다. 여자의 말을 그대로 똑같이 따르면 좋다는 뜻일까요? 如前여전하다, 如意여의치 않다 등과 같은 단어에 쓰입니다.

 如 따라 쓰기

如前  뜻  전과 같음

여 전  예  갑신정변 이후에도 관리의 횡포는 如前히 심했다.

| 如 | 如 |  |  |  |
|---|---|---|---|---|
| 같을 여 |  |  |  |  |

## 좋을 호 `4급`

女여자 녀를 子아들 자와 함께 쓰면 好좋을 호가 됩니다. 여자와 남자가 서로 좋아서 껴안고 있는 모습입니다.

 **好 따라 쓰기**

### 好奇心
호 기 심

 **뜻** 기이한 것을 좋아하는 마음

 **예** 펭귄에 好奇心이 생긴 과학자들이 펭귄을 연구하기 시작했습니다.

좋을 호

## 편할 안 `7급`

女여자 녀 위에 宀집 면을 쓰면 安편할 안이 됩니다. 집 안에서 편안하게 있는 여인의 모습을 그린 글자입니다.

 **安 따라 쓰기**

### 安全
안 전

 **뜻** 편안하고 온전함

 **예** 과학 실험을 할 때에는 무엇보다 安全이 중요합니다.

편할 안

# 문제 풀기

**1** 네모칸에 알맞은 글자를 넣어 보아요.

女
여자 녀

女
같을 여

女
좋을 호

女
편할 안

**2** 한자의 음과 뜻을 알맞게 이어 보아요.

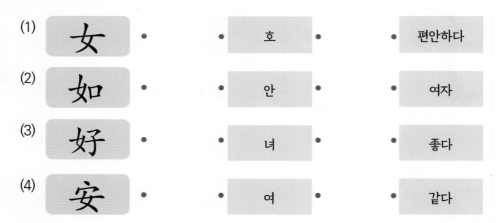

(1) 女 · · 호 · · 편안하다

(2) 如 · · 안 · · 여자

(3) 好 · · 녀 · · 좋다

(4) 安 · · 여 · · 같다

**3** 빈칸에 알맞은 한자를 써 보아요.

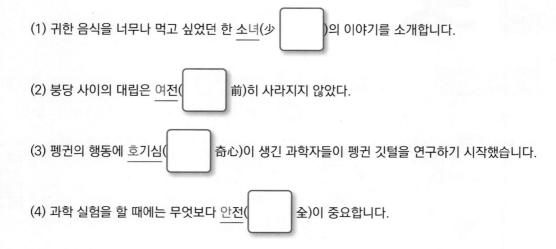

(1) 귀한 음식을 너무나 먹고 싶었던 한 소녀(少 □ )의 이야기를 소개합니다.

(2) 붕당 사이의 대립은 여전( □ 前)히 사라지지 않았다.

(3) 펭귄의 행동에 호기심( □ 奇心)이 생긴 과학자들이 펭귄 깃털을 연구하기 시작했습니다.

(4) 과학 실험을 할 때에는 무엇보다 안전( □ 全)이 중요합니다.

**4** 내용을 소리 내어 읽고 한자를 한글로 써 보세요.

〈지방관리의 횡포를 보여주는 만석보〉

"저 사람의 죄는 무엇이냐?"
"군수님의 아버지를 칭찬하는 내용의 비석을 세우려고 돈을 걷었는데 그 돈을 내지 않았습니다."
"이 사람은 농사에 사용한 물값을 내지 않았습니다."

갑신정변 이후에도 양반과 지방 관리의 횡포는 如前했다.

*사회 5

..................................................

**5** 열쇠의 뜻 풀이를 이용하여 가로 세로 단어 퍼즐을 완성해 보세요.

[가로열쇠 ①] 수양하는 여인

[세로열쇠 ②] 나이가 적은 여자

**6** QR코드를 찍어 영상을 본 후, 문제를 풀어 보아요.

집이 최고야~

편안해

(1) 음: _____ 뜻: _____

관련단어: _____

# 한자성어

> ## 남녀칠세부동석
> ### (男女七歲不同席)

남녀는 7세가 되면 더 이상 함께 자리에 앉지 않는다.
[일곱 七, 해 歲, 아닐 不, 같을 同, 자리 席]

동영상으로 익히는
## 📺 블록한자

* 아래 QR을 찍으면 동영상이 나옵니다. 동영상을 따라서 한눈에 정리해보아요.

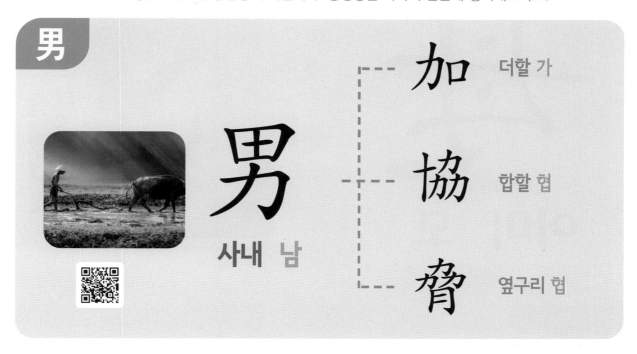

**男**

男
사내 남

加 더할 가

協 합할 협

脅 옆구리 협

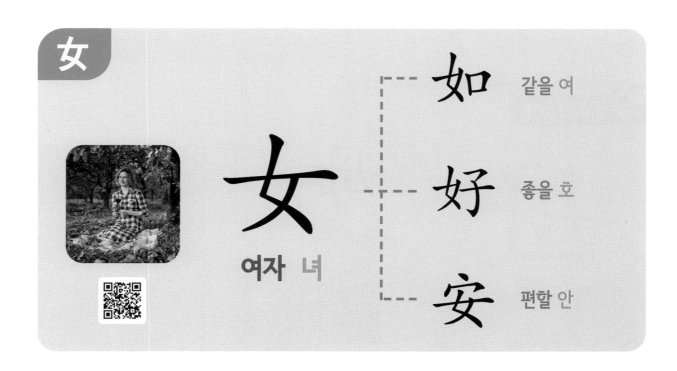

**女**

女
여자 녀

如 같을 여

好 좋을 호

安 편할 안

**8급**

## 어미 모

### 母 알아보기

| 옛한자 | |
|---|---|

母어미 모는 아이에게 젖을 주는 어머니를 나타낸 글자입니다. 女여자 녀에 젖을 주는 모습을 강조하기 위해 점 두 개를 찍어 母가 되었습니다. 옛 글자에도 어머니의 가슴을 나타내는 점 두 개가 또렷이 찍혀 있습니다.

###  母 따라 쓰기

어미 모

**5획** 乙 乙 乜 乜 母 母

↳ 찍으면 획순 영상이 나옵니다.

# 교과서 핵심 어휘

 교과서에 나온 내용을 소리 내어 읽어 보아요.

---

**수학 3**

## 分母
나눌 분　어미 모

**분모**

**뜻** **분수의 엄마 쪽 숫자,** 분수의 형태를 아이를 업고 있는 엄마로 볼 때, 아래의 숫자

전체를 똑같이 2로 나눈 것 중의 1을 ½ 이라 쓰고 2분의 1이라고 읽습니다. ½과 같은 수를 분수라고 합니다. 이때 아래에 있는 수를 分母, 위쪽에 있는 수를 분자 라고 합니다.

---

**국어 4**

## 母音
어미 모　소리 음

**모음**

**뜻** **글자의 엄마 쪽 소리,** 한글에서 자음 과 달리 홀로 쓰일 수 있는 ㅏ, ㅓ 등의 소리

한글은 그 제자 원리가 독창적이고 과학 적인 문자이다. 한글 母音자의 경우, 하늘, 땅, 사람을 본떠 각각 'ㆍ', 'ㅡ',' ㅣ '의 기본 문자를 먼저 만들고, 이 기본 문자를 합쳐 母音자를 만든다.

---

 **핵심 어휘 완성하기!**

*정답 : 245쪽

(1) 분수에서 아래에 있는 수를 <u>분모(分</u> ☐ )라고 합니다.

(2) 한글 <u>모음(</u> ☐ 音)자의 경우, 하늘, 땅, 사람을 본떠 기본 문자를 만든다.

# 블록 한자

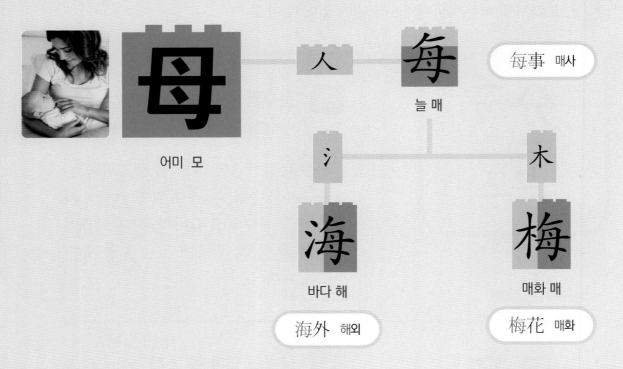

母
어미 모

人 → 每
늘 매

每事 매사

氵 → 海
바다 해

海外 해외

木 → 梅
매화 매

梅花 매화

*事 일 사, 外 바깥 외, 花 꽃 화

每

## 늘 매  7급

母어미 모에 ㅑ사람 인을 쓰면 每늘 매가 됩니다. ㅑ은 人의 변형인데, 원래 每 또한 母와 마찬가지로 '어머니'라는 뜻이었으나 지금은 '늘, 매번'이라는 뜻으로 쓰입니다. 아마 자식에 대한 어머니의 한결같은 사랑을 뜻하는 말인지도 모릅니다.

 每 따라 쓰기

늘 매

每事 뜻 매번의 일

매 사 예 이번 신입사원은 每事에 소극적이다.

每 每

늘 매

96

## 바다 해  7급

每늘 매에 氵물 수를 더하면 海바다 해가 됩니다. 어머니의 마음을 바다처럼 넓다고 말하는데, 넓은 어머니와 같은 물이라고 해서 바다라는 뜻을 나타내는 것이겠죠?

 海 따라 쓰기

**海外** 뜻 바다의 바깥. 바다 밖의 다른 나라

해 외 예 전철을 타고 회사에 출근하고, 비행기를 타고 海外로 출장을 가요.

바다 해

## 매화 매  3급

每늘 매에 木나무 목을 더하면 梅매화 매가 됩니다. 木을 써서 엄마처럼 은은하게 아름다운 매화나무를 나타냈습니다.

 梅 따라 쓰기

**梅花** 뜻 매화

매 화 예 진달래뿐만 아니라 벚꽃, 梅花로도 화전을 만들어 먹었습니다.

매화 매

# 문제 풀기

**1** 네모칸에 알맞은 글자를 넣어 보아요.

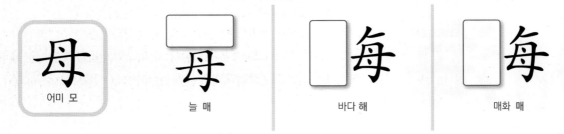

| 母 | 母 | 每 | 每 |
| --- | --- | --- | --- |
| 어미 모 | 늘 매 | 바다 해 | 매화 매 |

**2** 한자의 음과 뜻을 알맞게 이어 보아요.

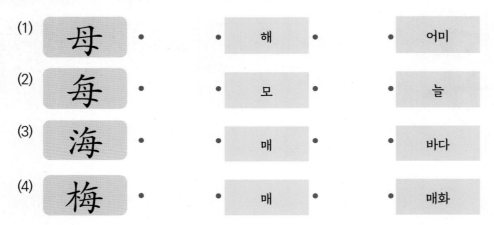

(1) 母 · · 해 · · 어미

(2) 每 · · 모 · · 늘

(3) 海 · · 매 · · 바다

(4) 梅 · · 매 · · 매화

**3** 빈칸에 알맞은 한자를 써 보아요.

(1) 한글의 모음(☐ 音)자는 소리의 변화가 없이 한 문자가 한 소리만 나타낸다.

(2) 이번 신입사원은 매사(☐ 事)에 소극적이다.

(3) 전철을 타고 회사에 출근하고, 비행기를 타고 해외(☐ 外)로 출장을 가요.

(4) 진달래뿐만 아니라 벚꽃, 배꽃, 매화(☐ 花)로도 화전을 만들어 먹었습니다.

**4** 내용을 소리 내어 읽고 한자를 한글로 써 보세요.

> 母音자의 경우, 하늘, 땅, 사람을 본떠 각각 'ㆍ', 'ㅡ', 'ㅣ'의 기본 문자를 먼저 만들고, 이 기본 문자를 합쳐 '아, 어, 오, 우'와 같은 나머지 母音자를 만들었다.

*국어 4

**5** 열쇠의 뜻 풀이를 이용하여 가로 세로 단어 퍼즐을 완성해 보세요.

[가로열쇠 ①] 분수의 엄마 쪽 숫자, 가로줄 아래에 있는 수

[세로열쇠 ②] 글자의 엄마 쪽 소리, 글자의 중심에 있는 ㅏ, ㅓ 등의 소리

**6** QR코드를 찍어 영상을 본 후, 문제를 풀어 보아요.

(1) 음: _____ 뜻: _____

관련단어: _____

子
7급

아들 자

## 子 알아보기

옛한자

子아들 자는 두 팔을 활짝 벌리고 있는 아이의 모습을 본뜬 글자입니다. 주로 사내아이와 아들을 나타내며, 孔子공자 · 孟子맹자 등 사람을 부르는 말의 끝에 쓰이기도 합니다. 또 나무의 아들은 열매이므로 열매를 뜻하기도 합니다.

## 子 따라 쓰기

3획  ㄱ 了 子

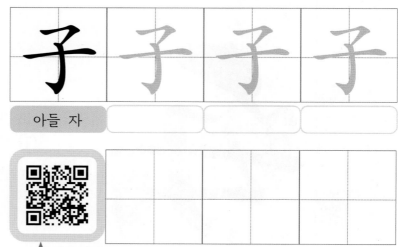

아들 자

↑ 찍으면 획순 영상이 나옵니다.

# 교과서 핵심 어휘

 교과서에 나온 내용을 소리 내어 읽어 보아요.

## 국어 3

**五味子**
다섯 오   맛 미   열매 자

**오미자**

뜻 **오미자나무의 열매**

달고, 쓰고, 시고, 맵고, 짠 5가지 맛이 나는 열매

삼짇날에는 진달래화채도 만들어 먹었습니다. 진달래의 꽃잎을 녹말가루에 묻혀 살짝 튀긴 뒤, 설탕이나 꿀을 넣어 달게 담근 五味子즙에 띄워 먹었습니다.

## 국어 4

**子音**
아들 자   소리 음

**자음**

뜻 **글자의 아이 쪽 소리**

한글에서 항상 모음과 결합되어 쓰임

한글 子音자의 경우 발음기관의 모양을 본떠 'ㄱ, ㄴ, ㅁ, ㅅ, ㅇ'의 기본 문자를 만들고, 이 기본 문자에 획을 더하거나 같은 문자를 하나 더 써서 'ㅋ, ㄲ' 등을 만든다.

 **핵심 어휘 완성하기!**

*정답 : 245쪽

(1) 진달래를 설탕이나 꿀을 넣어 달게 담근 <u>오미자</u>(五味 ☐ )즙에 띄워 먹었습니다.

(2) 한글 <u>자음</u>( ☐ 音)자는 발음 기관의 모양을 본떠 만들었다.

# 블록 한자

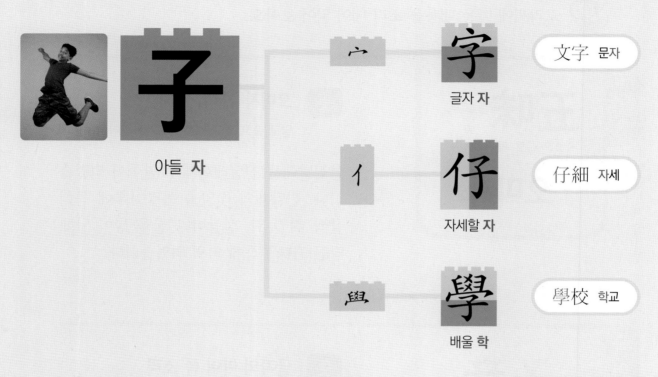

子
아들 자

| | 字 글자 자 | 文字 문자 |
| ㅗ | 仔 자세할 자 | 仔細 자세 |
| ㅂ | 學 배울 학 | 學校 학교 |

\* 文 글월 문, 細 가늘 세, 校 학교 교

---

字

## 글자 자　7급

ㅡ집 면 아래에 子아들 자를 쓰면 字글자 자가 됩니다. 집에서 남자는 글자를 보는 사람이 었다는 뜻입니다.

字 따라 쓰기

**文字**
문 자

뜻 　글자

예 　文字를 발명하기 전에는 그림으로 정보를 기록했어.

| 字 | 字 | | | | |
|---|---|---|---|---|---|
| 글자 자 | | | | | |

102

仔 따라 쓰기

## 자세할 자 `1급`

子아들 자 앞에 亻사람 인을 쓰면 仔자세할 자가 됩니다. 탐구력 있는 아이가 사물을 자세히 본다는 뜻을 지니고 있습니다.

### 仔細
자 세

| 뜻 | 자잘하고 세밀함 |
|---|---|
| 예 | 새롭게 안 부분은 仔細히 다뤄도 좋겠어. |

자세할 자

學 따라 쓰기

## 배울 학 `8급`

學배울 학은 양 손을 뜻하는 ㅌㅋ와 새끼줄을 뜻하는 爻엇갈릴 효, 그리고 지붕을 뜻하는 冖덮을 멱을 그린 글자입니다. '(일을) 배우다'란 뜻에서 모든 것에 대해 '배우다'로 의미가 넓어진 글자입니다.

### 學校
학 교

| 뜻 | 배우는 곳 |
|---|---|
| 예 | 나는 學校에 있으면 엄마가 보고 싶어요. |

배울 학

**1** 네모칸에 알맞은 글자를 넣어 보아요.

子
아들 자

子
글자 자

子
자세할 자

子
배울 학

**2** 한자의 음과 뜻을 알맞게 이어 보아요.

(1) 子 • • 자 • • 글자

(2) 字 • • 학 • • 아들

(3) 仔 • • 자 • • 배우다

(4) 學 • • 자 • • 자세하다

**3** 빈칸에 알맞은 한자를 써 보아요.

(1) 기본 자음(　　音)자에 획을 더 그으면 거센소릿자가 되고 겹쳐 쓰면 된소릿자가 된다.

(2) 문자(文　　)를 발명하기 전에는 그림으로 정보를 기록했어.

(3) 모두가 잘 아는 부분은 설명을 줄이고, 새롭게 안 부분은 자세(　　細)히 다뤄도 좋겠어.

(4) 나는 학교(　　校)에 있으면 엄마가 보고 싶어요.

**4** 내용을 소리 내어 읽고 한자를 한글로 써 보세요.

| ㄱ | ㅋ | |
|---|---|---|
| ㄴ | ㄷ | ㅌ | ㄹ |
| ㅁ | ㅂ | ㅍ | |
| ㅅ | ㅈ | ㅊ | |
| ㅇ | | ㅎ | |

子音字의 경우 발음 기관의 모양을 본떠 'ㄱ, ㄴ, ㅁ, ㅅ, ㅇ'의 기본 문자를 만들고, 이 기본 문자에 획을 더하거나 같은 문자를 하나 더 써서 'ㅋ, ㄲ'과 같은 子音字를 만들었다.

*국어 4

**5** 열쇠의 뜻 풀이를 이용하여 가로 세로 단어 퍼즐을 완성해 보세요.

[가로열쇠 ①] 오미자 나무의 열매, '다섯 가지 맛이 나는 씨앗'이라는 뜻

[세로열쇠 ②] 글자의 아이쪽 소리, 글자의 처음 혹은 끝에 들어감

**6** QR코드를 찍어 영상을 본 후, 문제를 풀어 보아요.

(1) 음: _____ 뜻: _____

관련단어: _____

> **모전여전**
> (母傳女傳)

엄마에게 전해진 건 딸에게 전해짐.

[전할 傳, 여자 女]

# 블록한자

\* 아래 QR을 찍으면 동영상이 나옵니다. 동영상을 따라서 한눈에 정리해보아요.

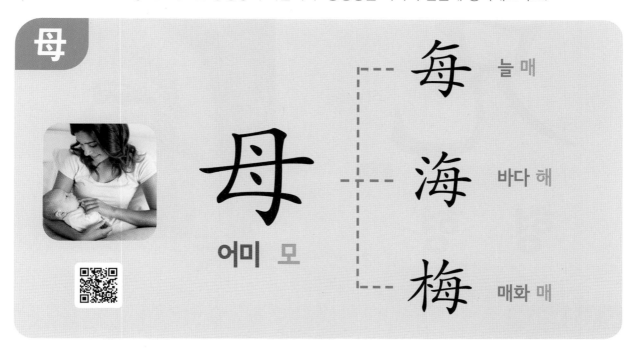

母

**母** 어미 모

每 늘 매
海 바다 해
梅 매화 매

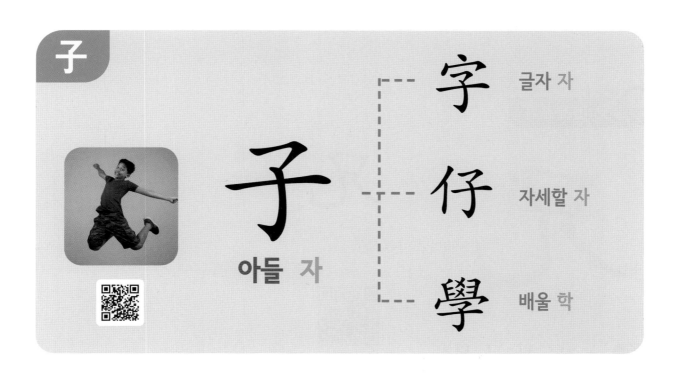

子

**子** 아들 자

字 글자 자
仔 자세할 자
學 배울 학

# 핵심 한자

兄
8급

형 형

## 兄 알아보기

| 옛한자 |  |

兄형 형은 갓을 쓴 연장자의 모습을 강조한 글자입니다. 옛 한자에 보면 머리가 강조되어 있습니다. 머리에 쓴 갓은 권위의 상징입니다.

## 兄 따라 쓰기

| 兄 | 兄 | 兄 | 兄 |
|---|---|---|---|

형 형

5획　ㅣ ㅁ ㅁ ㅁ 兄 兄

↳ 찍으면 획순 영상이 나옵니다.

# 교과서 핵심 어휘

 교과서에 나온 내용을 소리 내어 읽어 보아요.

국어2

兄
형 형

형

뜻 형

따스한 이불 속에서 동이는 생각했어요. '만약 兄이 오줌을 쌌다면 난 어떻게 했을까?' 엄마, 兄 좀 보래요! 큰 소리로 엄마를 불렀겠지요. 알나리깔나리 오줌 쌌대요!

국어5

兄弟
형 형  아우 제

형제

뜻 형과 아우

나에게는 꿈이 있습니다. 노예의 후손과 노예 주인의 후손이 兄弟처럼 식탁에 나란히 함께 앉는 꿈입니다.

 핵심 어휘 완성하기!

*정답 : 245쪽

(1) 만약 형(　　)이 오줌을 쌌다면 난 어떻게 했을까?

(2) 노예의 후손과 노예 주인의 후손이 형제(　弟)처럼 식탁에 나란히 함께 앉는 꿈입니다.

# 블록 한자

兄 형 형

八 ─── 兌 기뻐할 열, 바꿀 태 　　兌換 태환

言 ─────────── 禾

說 이야기 설 　　稅 세금 세

小說 소설 　　稅金 세금

*換 바꿀 환, 小 작을 소, 金 쇠금

## 기뻐할 열, 바꿀 태　[1급]

兄형 형 위에 八여덟 팔을 쓰면 兌기뻐할 열, 바꿀 태가 됩니다. 형이 활짝 웃는 모습을 본뜬 글자입니다. 활짝 웃어 입가에 팔자 주름이 생긴 것이 보입니다. 단독 글자로 쓰일 때는 '바꾸다'라는 뜻으로 주로 사용됩니다.

兌 따라 쓰기

**兌換**　[뜻]　돈을 바꿈　* 단어가 어렵지만 공항에 가면 많이 있으니 배워두세요.
태 환　[예]　공항에 들어서자 '兌換'코너가 보였다.

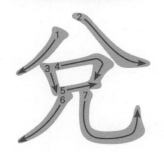

| 兌 | 兌 |  |  |  |
|---|---|---|---|---|
| 기뻐할 열, 바꿀 태 |  |  |  |  |

110

## 이야기 설 `5급`

 기뻐할 열,  바꿀 태에 言말씀 언을 함께 쓰면 說이야기 설이 됩니다. 兌이 즐겁다는 뜻이므로 즐거운 말, 즉 이야기가 됩니다. 小說소설, 說明설명 등의 단어를 만듭니다.

 說 따라 쓰기

### 小說
소 설

뜻 작은 이야기

예 요즘은 온라인 小說이 종이 책으로 출간되는 경우가 많다.

이야기 설

## 세금 세 `4급`

禾벼 화를 함께 쓰면 稅세금 세가 됩니다. 稅와 說 모두 '즐겁다'란 뜻이 포함되어 있습니다. 禾를 거두어 나라에 세금으로 바치는 장면을 연상하면 쉽습니다. 활짝 웃는 兌의 표정을 짓는 것은 아무래도 관리겠죠? 稅金세금, 血稅혈세 등의 단어를 만듭니다.

 稅 따라 쓰기

### 稅金
세 금

뜻 세금

예 백성들 중 稅金을 내지 못하는 사람도 많았어요.

세금 세

# 문제 풀기

**1** 네모칸에 알맞은 글자를 넣어 보아요.

| 兄 | 兌 | 兌 | 兌 |
|---|---|---|---|
| 형 형 | 기뻐할 열, 바꿀 태 | 이야기 설 | 세금 세 |

**2** 한자의 음과 뜻을 알맞게 이어 보아요.

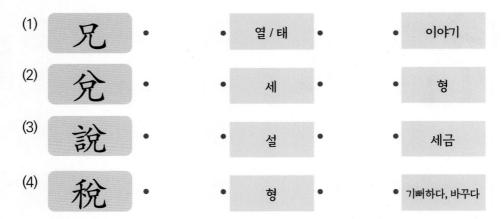

(1) 兄 · · 열 / 태 · · 이야기

(2) 兌 · · 세 · · 형

(3) 說 · · 설 · · 세금

(4) 稅 · · 형 · · 기뻐하다, 바꾸다

**3** 빈칸에 알맞은 한자를 써 보아요.

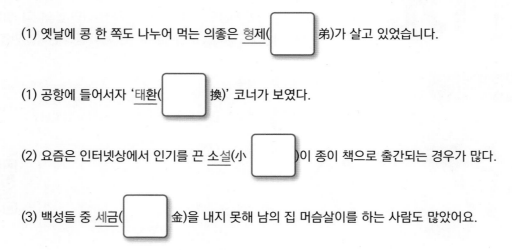

(1) 옛날에 콩 한 쪽도 나누어 먹는 의좋은 형제(☐弟)가 살고 있었습니다.

(1) 공항에 들어서자 '태환(☐換)' 코너가 보였다.

(2) 요즘은 인터넷상에서 인기를 끈 소설(小☐)이 종이 책으로 출간되는 경우가 많다.

(3) 백성들 중 세금(☐金)을 내지 못해 남의 집 머슴살이를 하는 사람도 많았어요.

**4** 내용을 소리 내어 읽고 한자를 한글로 써 보세요.

아기 돼지 삼 兄弟는 서로 다른 물질로 집을 지었습니다. 첫째는 짚으로, 둘째는 나무로, 셋째는 벽돌로 집을 지었습니다.

*과학 3

........................................................

**5** 열쇠의 뜻 풀이를 이용하여 가로 세로 단어 퍼즐을 완성해 보세요.

[가로열쇠 ①] 언니의 남편

[세로열쇠 ①] 형과 아우

*夫:남편 부

**6** QR코드를 찍어 영상을 본 후, 문제를 풀어 보아요.

벼를 많이 내서 슬퍼

난 즐거운데?

(1) 음: ...................  뜻: ...................

관련단어: ...................................................

弟
8급

## 아우 제

### 弟 알아보기

옛한자

弟아우 제는 나무에 밧줄을 차례차례 감은 모습을 본뜬 것으로, 원래는 '차례'의 의미입니다. 이 뜻에서 형제의 차례를 나타내는 말로 되었다가 '아우'라는 뜻을 지니게 되었습니다.

### 弟 따라 쓰기

| 弟 | 弟 | 弟 | 弟 |
|---|---|---|---|

아우 제

7획  `丶 丷 丫 丫 弟 弟`

찍으면 획순 영상이 나옵니다.

# 교과서 핵심 어휘

 교과서에 나온 내용을 소리 내어 읽어 보아요.

**국어6**

弟子
아우 제　아들 자

**제자**

뜻 **배우는 아이**

어느 날, 추사 선생의 문하생들이 허련의 그림을 칭찬하면서 허련을 추사 선생의 弟子라고 칭하자, 추사 선생은 누가 자신의 弟子냐며 호통친다.

**교과서밖**

呼兄呼弟
부를 호　형 형　부를 호　아우 제

**호형호제**

뜻 **형이라고 부르고 아우라고 부름**

呼兄呼弟는 서로 다른 사람처럼 생각하지 않고 피를 나눈 형제처럼 생각하며 부른다는 뜻이다. 거리감 없이 매우 친한 사이를 일컫는 말이다.

 **핵심 어휘 완성하기!**

*정답 : 245쪽

(1) 허련은 추사 선생을 다시 찾아가 제자(　　子)로 받아 달라고 간곡하게 부탁한다.

(2) 우리는 어릴 때부터 서로 호형호제(呼兄呼　　)하는 사이이다.

# 블록 한자

弟
아우 제

木 ── 梯
사다리 제 ── 電梯 전제

氵 ── 涕
눈물 체 ── 涕泣 체읍

竹 ── 第
차례 제 ── 第一 제일

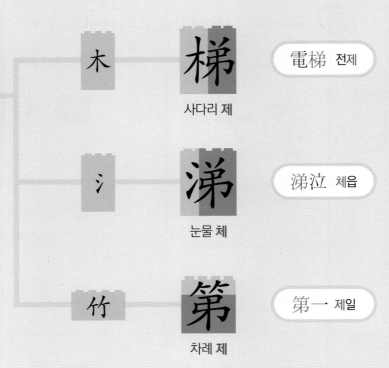

*竹 대 죽, 電 번개 전, 泣 울 읍

## 사다리 제 1급

弟아우 제에 木나무 목을 붙이면 梯사다리 제가 됩니다. 사다리의 소재가 주로 나무였기에 木이 붙었습니다. 弟는 사다리가 동생과 형의 관계처럼 아래에서 위로 올라가기에 붙은 것이라고 생각하면 쉽습니다.

梯 따라 쓰기

**電梯**
전 제

뜻 전기 사다리, 엘리베이터 •대만, 홍콩에 여행가면 흔히 보이는 글자예요.

예 홍콩 호텔의 엘리베이터 앞에 '電梯'란 글씨가 씌어 있었다.

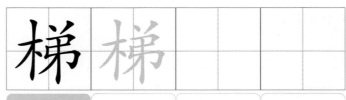

사다리 제

## 눈물 체 [1급]

氵물 수를 붙이면 涕눈물 체가 됩니다. 氵를 그려 눈물의 액체를, 弟는 눈물이 흐르는 모습을 나타내고 있습니다. 현대어로는 잘 쓰이지 않지만, 옛날 단어로는 涕泣체읍과 같은 단어에 쓰입니다.

涕泣  눈물을 흘리며 욺

체 읍  왕의 소리 없는 눈물은 흐느껴 떨리는 涕泣 소리로 변하였다.

눈물 체

## 차례 제 [6급]

弟아우 제와 매우 비슷한 글자로 第차례 제가 있습니다. 윗부분에 있는 八여덟 팔을 떼고 그 대신 竹대나무 죽을 넣은 글자입니다. 대나무는 마디마디가 차례대로 새겨지니까 차례라는 뜻을 나타내게 되었다고 생각하면 쉽습니다.

第一  첫 번째

제 일  송나라에서는 고려청자의 빛깔을 천하第一이라고 칭찬했다.

차례 제

**1** 네모칸에 알맞은 글자를 넣어 보아요.

弟
아우 제

□弟
사다리 제

□弟
눈물 체

□弟
차례 제

**2** 한자의 음과 뜻을 알맞게 이어 보아요.

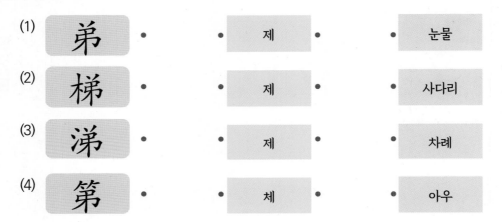

(1) 弟 · · 제 · · 눈물

(2) 梯 · · 제 · · 사다리

(3) 涕 · · 제 · · 차례

(4) 第 · · 체 · · 아우

**3** 빈칸에 알맞은 한자를 써 보아요.

(1) 혜련은 추사 김정희의 제자(□子)로 글, 그림, 글씨에 모두 능했다.

(2) 홍콩 호텔에 들어서니, 엘리베이터 앞에 '전제(電□)'란 글씨가 씌어 있었다.

(3) 왕의 소리 없는 눈물은 흐느껴 떨리는 체읍(□泣)소리로 변하였다.

(4) 송나라에서는 고려청자의 빛깔을 천하제일(□一)이라고 칭찬했다.

**4** 내용을 소리 내어 읽고 한자를 한글로 써 보세요.

강아지 똥: 뭣 때문에 웃는 거야, 너는?
흙덩이: 똥을 똥이라 않고 뭐라고 부르니? 똥 중에서도 第一로 더럽고 쓸모없는 똥 이 바로 개똥이야.

*국어 3

**5** 열쇠의 뜻 풀이를 이용하여 가로 세로 단어 퍼즐을 완성해 보세요.

[가로열쇠 ①] 형이라고 부르고 아우라고 부름

[세로열쇠 ②] 배우는 아이

**6** QR코드를 찍어 영상을 본 후, 문제를 풀어 보아요.

한강이네

눈물이 주룩주룩

(1) 음: _____ 뜻: _____

관련단어: _____

## 난형난제 (難兄難弟)

누가 형인지 누가 아우인지 정하기 어려움.

[어려울 難]

# 블록한자

* 아래 QR을 찍으면 동영상이 나옵니다. 동영상을 따라서 한눈에 정리해보아요.

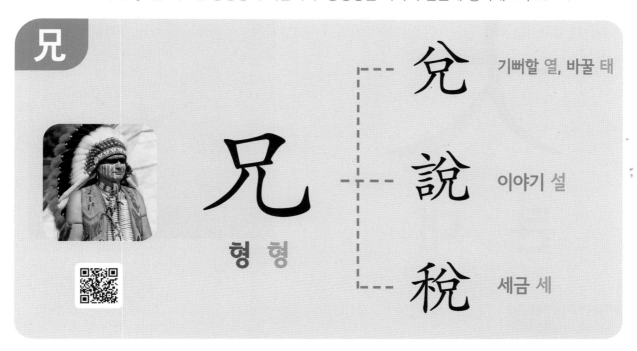

**兄**

兄
형 형

兌 기뻐할 열, 바꿀 태

說 이야기 설

稅 세금 세

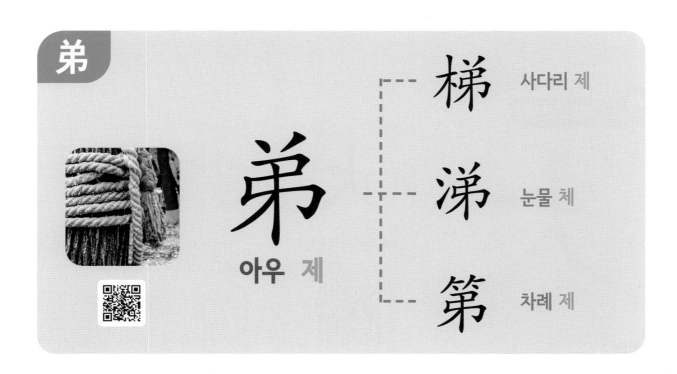

**弟**

弟
아우 제

梯 사다리 제

涕 눈물 체

第 차례 제

8급

## 큰 대

## 大 알아보기

옛 한 자

大큰 대는 팔을 활짝 벌린 사람의 모습을 본뜬 글자입니다. 人은 사람의 모습을, 一은 양쪽으로 뻗은 두 팔을 나타냅니다. 비슷한 글자에 犬개 견, 太클 태 등이 있으니 같이 익혀 보아요.

## 大 따라 쓰기

| 大 | 大 | 大 | 大 |

큰 대

| | | |
|---|---|---|

3획  一ナ大

↖ 찍으면 획순 영상이 나옵니다.

교과서에 나온 내용을 소리 내어 읽어 보아요.

**사회 4**

大門
큰대 문문
대문

뜻 큰 문

좁은 골목길에 주차된 차들 때문에 등하굣길의 학생들이 위험합니다. 각 가정에 개인 주차장을 만들 필요가 있습니다. 각 가정의 담장이나 大門을 허물면 개인 주차장을 만들 수 있습니다.

**과학 5**

大氣
큰대 기운기
대기

뜻 큰 공기, 지구를 둘러싼 공기

태풍은 지구의 공기를 순환시키는 역할을 한다. 강한 바람과 많은 비를 동반하여 가뭄으로 생긴 물 부족 문제를 해결하기도 하고, 大氣 중 미세 먼지나 오염물질을 씻어내기도 한다.

 **핵심 어휘 완성하기!**

*정답 : 246쪽

(1) 가정의 담장이나 대문(☐門)을 허물면 개인 주차장을 만들 수 있습니다.

(2) 태풍은 대기(☐氣)중 미세 먼지나 오염물질을 씻어내기도 한다.

# 블록 한자

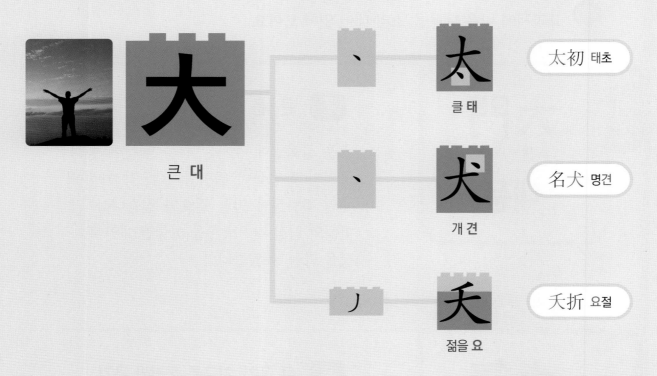

| | | |
|---|---|---|
| 大 큰 대 | 丶 | 太 클 태 — 太初 태초 |
| | 丶 | 犬 개 견 — 名犬 명견 |
| | 丿 | 夭 젊을 요 — 夭折 요절 |

\* 丶 점 주, 丿 삐칠 별, 初 처음 초, 名 이름 명, 折 꺾을 절

## 클 태   6급

大큰 대의 아랫부분 두 다리 사이에 점을 찍으면 太클 태가 됩니다. 大와 발음만 다를 뿐 뜻은 같습니다. 太古태고, 太初태초 등과 같은 단어를 만듭니다.

 太 따라 쓰기

**太初** 태 초   뜻 가장 처음

예 太初의 역사를 감추고 있는 듯 신비롭게 보였다.

클 태

# 개 견 4급

大큰 대의 귀부분에 점을 찍으면 犬개 견이 됩니다. 개의 귀를 강조한 글자입니다. 점의 위치에 따라 전혀 다른 글자가 되니 주의해야 합니다. 忠犬충견, 名犬명견 등의 단어를 만듭니다.

 犬 따라 쓰기

**名犬** 뜻 이름난 개

명 견 예 한국의 토종견 진돗개는 세계적 名犬이다.

개 견

# 젊을 요 1급

大큰 대의 머리 부분에 ノ삐칠 별을 내리그으면 夭젊을 요가 됩니다. 생기 넘치는 젊은 생명의 고갯짓을 강조한 글자입니다. 젊어서 죽는 것을 夭折요절이라고 합니다.

 夭 따라 쓰기

**夭折** 뜻 일찍 죽음

요 절 예 그가 작사한 노랫말에는 불길한 夭折의 조짐이 보였다.

젊을 요

# 문제 풀기

**1** 네모칸에 알맞은 글자를 넣어 보아요.

큰 대

클 태

개 견

젊을 요

**2** 한자의 음과 뜻을 알맞게 이어 보아요.

(1) 大 ・ ・ 요 ・ ・ 크다

(2) 太 ・ ・ 대 ・ ・ 젊다

(3) 犬 ・ ・ 태 ・ ・ 크다

(4) 夭 ・ ・ 견 ・ ・ 개

**3** 빈칸에 알맞은 한자를 써 보아요.

(1) 중국인들은 대문(　　門)에 '복(福)'자를 거꾸로 붙여 놓는 풍습이 있다.

(2) 흰 구름에 둘러싸인 봉우리는 태초(　　初)의 역사를 감추고 있는 듯 신비롭게 보였다.

(3) 한국의 토종견 진돗개가 세계적 명견(名　　)들에게 당당히 도전장을 던졌다.

(4) 그가 작사한 노랫말에는 불길한 요절(　　折)의 조짐이 보였다.

**4** 내용을 소리 내어 읽고 한자를 한글로 써 보세요.

*과학 5 ........................................................

**5** 열쇠의 뜻 풀이를 이용하여 가로 세로 단어 퍼즐을 완성해 보세요.

[가로열쇠 ①] 큰 공기, 지구를 둘러싼 공기

[세로열쇠 ①] 큰 문

**6** QR코드를 찍어 영상을 본 후, 문제를 풀어 보아요.

(1) 음: ............... 뜻: ...................

관련단어: ...................................

8급

## 작을 소

### 小 알아보기

옛한자

小작을 소는 어떤 물건의 파편을 점 세 개로 표현한 것입니다. 깨어진 것은 자잘하므로, '작다'라는 뜻을 지니게 되었습니다. 이것은 크기에 관련된 것이고 양에 관계된 것은 한 획을 더 그어 少적을 소로 표현합니다

### 小 따라 쓰기

3획  亅 小 小

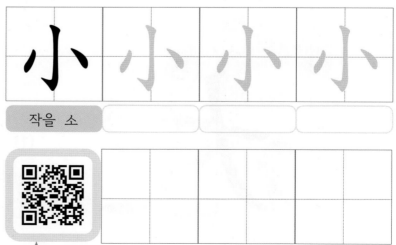

작을 소

↑ 찍으면 획순 영상이 나옵니다.

# 교과서 핵심 어휘

 교과서에 나온 내용을 소리 내어 읽어 보아요.

**수학 3**

**小數**
작을 소  셈 수

**소수**

**뜻** 작은 수

0보다 크고 1보다 작은 수

1/10, 2/10, 3/10…… 9/10를 0.1, 0.2, 0.3 …… 0.9 라 쓰고 영 점 일, 영 점 이, 영 점 삼 …… 영 점 구라고 읽습니다. 0.1, 0.2, 0.3 과 같은 수를 小數라 하고 ' . '을 小數점이라고 합니다.

**국어 5**

**小說**
작을 소  이야기 설

**소설**

**뜻** 작은 이야기

재미를 위한 사소한 이야기

조선 후기에는 한글을 익힌 사람들이 늘어나고 책을 읽어 주는 사람들이 생겨나면서, 한글 小說이 널리 보급되었다. 대표적인 한글 小說로는 『홍길동전』, 『춘향전』, 『심청전』, 『흥부전』, 『장화홍련전』 등이 있다.

 **핵심 어휘 완성하기!**

*정답 : 246쪽

(1) 0.1, 0.2, 0.3 과 같은 수를 소수(☐ 數)라 합니다.

(2) 조선 후기에는 한글 소설(☐ 說)이 널리 보급되었다.

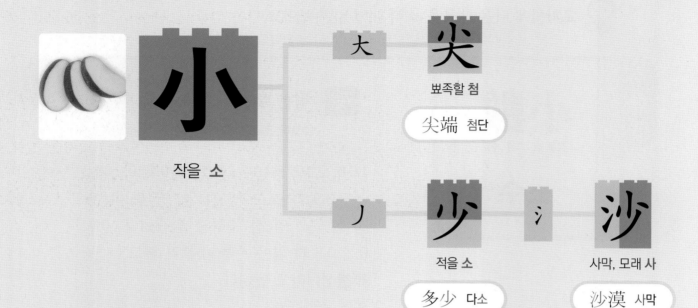

小
작을 소

大 ＋ 尖
뾰족할 첨
尖端 첨단

ノ ＋ 少
적을 소
多少 다소

少 ＋ 氵 ＋ 沙
사막, 모래 사
沙漠 사막

*端 끝 단, 多 많을 다, 漠 사막 막

尖

## 뾰족할 첨  `3급`

小작을 소의 아래에 大큰 대를 쓰면 尖뾰족할 첨이 됩니다. 아래는 크고 위는 작은 물체란 뜻입니다. △처럼 생긴 피라미드만 생각해 봐도 그 끝이 뾰족한 것을 알 수 있습니다.

尖端  뜻 　뾰족한 끝

첨 단  예 　현대는 정보화 시대, 그리고 尖端 과학의 시대라 할 수 있다.

뾰족할 첨

130

## 적을 소 　7급

小작을 소에 丿삐칠 별을 그으면 少적을 소가 되는데, '수량이 많지 않다'는 뜻입니다. 大小대소는 크고 작음에, 多少다소는 많고 적음에 관계된 것입니다.

### 多少
다 소

 뜻　많고 적음, 어느 정도

 예　多少의 차이는 있지만 모두 어려운 상황이다.

적을 소

## 사막, 모래 사 　3급

少적을 소에 氵물 수를 붙이면 沙사막, 모래 사가 됩니다. 물이 적은 곳은 사막이고, 그곳에는 모래가 많아 사막, 모래의 뜻을 다 가집니다. 白沙場백사장, 黃沙황사 등의 단어를 만듭니다.

### 沙漠
사 막

 뜻　모래가 많은 막막한 땅

 예　지구에는 숲, 강, 바다, 沙漠 등 다양한 환경의 서식지가 있습니다.

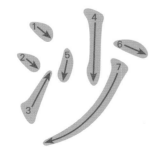

사막, 모래 사

# 문제 풀기

**1** 네모칸에 알맞은 글자를 넣어 보아요.

| 小 작을 소 | ⺌ 뾰족할 첨 | ⺌ 적을 소 | 少 사막, 모래 사 |

**2** 한자의 음과 뜻을 알맞게 이어 보아요.

(1) 小 ·      · 사 ·      · 적다

(2) 尖 ·      · 소 ·      · 작다

(3) 少 ·      · 소 ·      · 뾰족하다

(4) 沙 ·      · 첨 ·      · 사막, 모래

**3** 빈칸에 알맞은 한자를 써 보아요.

(1) 서민 문화를 즐기는 사람들은 한글 소설(       說)에 자신의 생활 모습과 생각을 표현했다.

(2) 현대는 정보화 시대, 그리고 첨단(       端)과학의 시대라 할 수 있다.

(3) 다소(多       )의 차이는 있지만 모두 어려운 상황이다.

(4) 지구에는 숲, 강, 바다, 사막(       漠)등 다양한 환경의 서식지가 있습니다.

**4** 내용을 소리 내어 읽고 한자를 한글로 써 보세요.

> $\frac{1}{10}$, $\frac{2}{10}$, $\frac{3}{10}$ ...... $\frac{9}{10}$ 를 0.1, 0.2, 0.3 ...... 0.9라 쓰고
> 영 점 일, 영 점 이, 영 점 삼 ...... 영 점 구라고 읽습니다.
> 0.1, 0.2, 0.3과 같은 수를 小數라 하고 '.'을 小數점이라고 합니다.

*수학 3

.................................................................................................

**5** 열쇠의 뜻 풀이를 이용하여 가로 세로 단어 퍼즐을 완성해 보세요.

[가로열쇠 ①] 작은 이야기, 재미를 위한 사소한 이야기

[세로열쇠 ①] 작은 수, 0보다 크고 1보다 작은 수

**6** QR코드를 찍어 영상을 본 후, 문제를 풀어 보아요.

(1) 음: ............... 뜻: .................

관련단어: ...............................

> 대기만성
> (大器晚成)

큰 그릇은 늦게 이루어진다.
[그릇 器, 늦을 晚, 이룰 成]

# 📺 블록한자

* 아래 QR을 찍으면 동영상이 나옵니다. 동영상을 따라서 한눈에 정리해보아요.

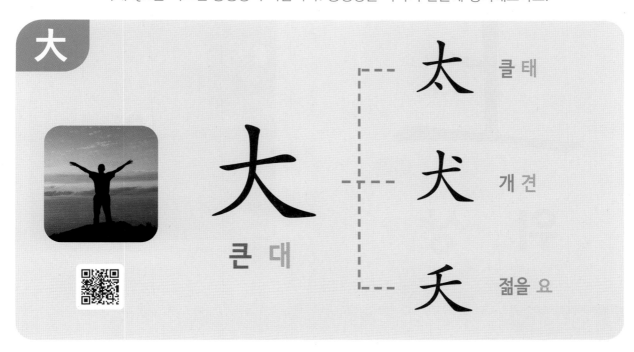

大

大 큰 대

太 클 태
犬 개 견
夭 젊을 요

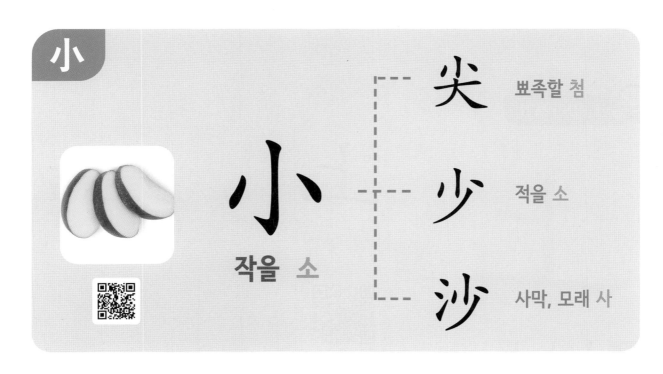

小

小 작을 소

尖 뾰족할 첨
少 적을 소
沙 사막, 모래 사

7급

위　상

## 上 알아보기

옛한자 二

사물의 위쪽을 나타낸 글자입니다. 사진은 풀잎 위의 이슬이지만, 기준선보다 위쪽에 있는 모든 것을 점 하나를 찍어 상징적으로 나타내었습니다.

## 上 따라 쓰기

3획 丨 卜 上

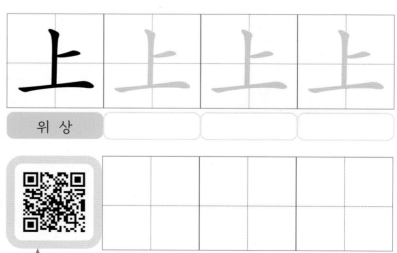

위　상

↑ 찍으면 획순 영상이 나옵니다.

교과서에 나온 내용을 소리 내어 읽어 보아요.

**사회 5**

上流
위 상  흐를 류
**상류**

뜻 **위쪽 흐름**

사람들은 지형을 이용해 살아가거나 더 나은 생활을 하려고 지형을 개발하기도 한다. 하천의 上流에 다목적 댐을 건설해 홍수를 방지하고 전기를 생산한다.

**수학 5**

以上
써 이  위 상
**이상**

뜻 **~과 같거나 위**

70, 71, 73, 75 등과 같이 70과 같거나 큰 수를 70 以上인 수라고 합니다.

 **핵심 어휘 완성하기!**

*정답 : 246쪽

(1) 하천 상류(___流)에 다목적 댐을 건설해 홍수를 방지하고 전기를 생산한다.

(2) 70, 71, 73, 75 등과 같이 70과 같거나 큰 수를 70 이상(以___)인 수라고 합니다.

# 블록한자

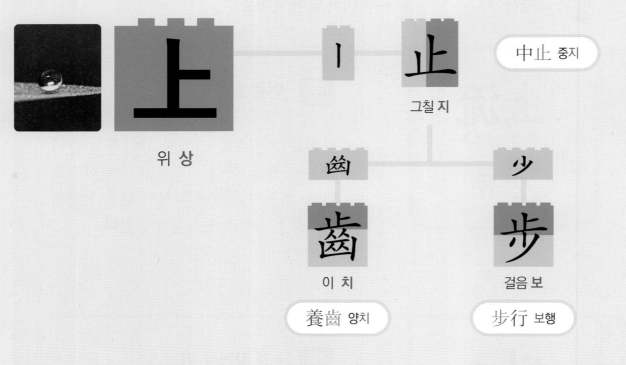

止 위 상

ㅣ 止 그칠 지 — 中止 중지

齒 이 치 — 養齒 양치

少 步 걸음 보 — 步行 보행

\*養 기를 양, 行 갈 행

## 그칠 지 [5급]

上위 상의 왼쪽에 세로로 획을 그으면 止그칠 지가 됩니다. 원래 止는 사람의 발 모양을 그린 글자에서 시작되어 발걸음을 '그치다'의 의미로 발전했습니다. 上과 형태가 비슷하므로 이곳에서 같이 배웁니다.

 止 따라 쓰기

**中止** [뜻] 중간에 그침
중지 [예] 여객선의 운항 中止로 우리는 외딴 섬에서 발이 묶였다.

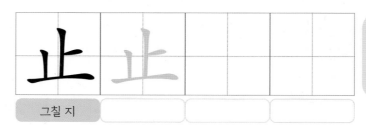

그칠 지

138

## 이 치 4급

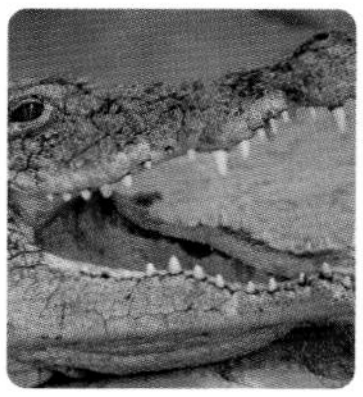

# 齒

止그칠 지 아래에 이 모양을 그린 𠚕를 쓰면 齒이 치가 됩니다. 윗 부분 止는 발음을 나타내고, 시옷처럼 생긴 것들이 아래위의 날카로운 이를 표현한 것입니다. 齒牙치아, 養齒양치와 같은 단어를 만듭니다.

**齒 따라 쓰기**

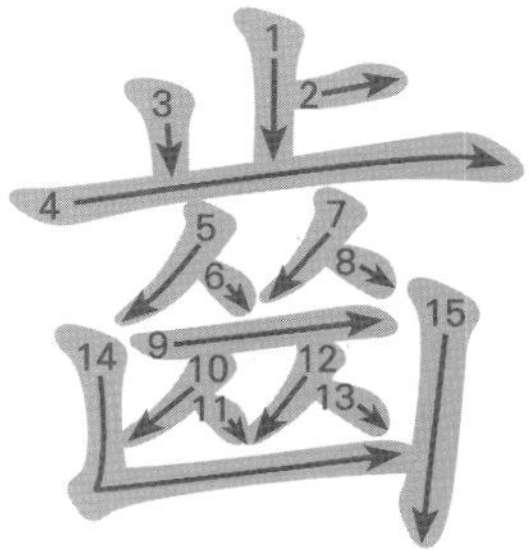

**養齒** 뜻 이를 기름. 이를 닦고 물로 씻음

양 치 예 요구르트를 마신 후 養齒질하는 것을 잊지 말렴.

| 齒 | 齒 | | | |
|---|---|---|---|---|
| 이 치 | | | | |

## 걸음 보 4급

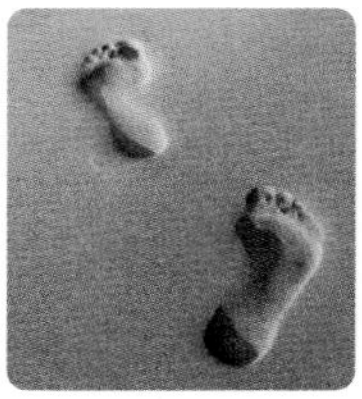

# 步

止그칠 지와 그것을 거꾸로 한 𣥂을 결합하여 만든 글자입니다. 두 발을 그린 글자인데 간략히 합쳐서 '걸음을 걷다'는 뜻을 지시하게 되었습니다. 步行보행이 대표적인 단어입니다.

**步 따라 쓰기**

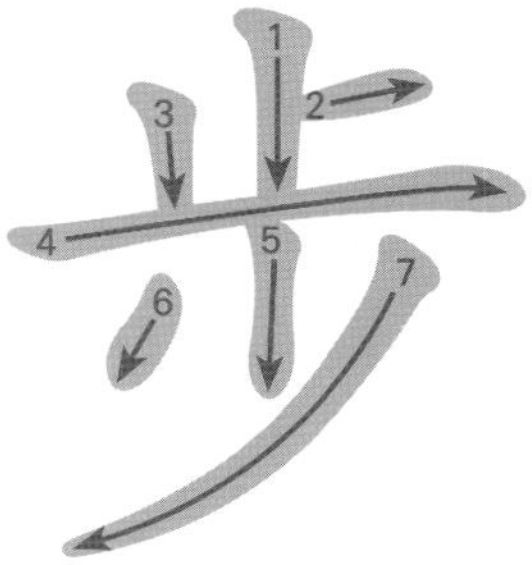

**步行** 뜻 걸어 다님

보 행 예 步行 중인 어린이의 교통사고를 줄일 수 있는 방법을 찾아야 한다.

| 步 | 步 | | | |
|---|---|---|---|---|
| 걸음 보 | | | | |

**1** 네모칸에 알맞은 글자를 넣어 보아요.

| 上 | 止 | 齒 | 步 |
|---|---|---|---|
| 위 상 | 그칠 지 | 이 치 | 걸음 보 |

**2** 한자의 음과 뜻을 알맞게 이어 보아요.

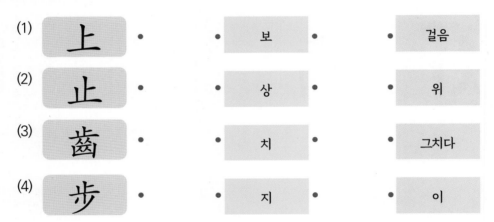

(1) 上 · · 보 · · 걸음

(2) 止 · · 상 · · 위

(3) 齒 · · 치 · · 그치다

(4) 步 · · 지 · · 이

**3** 빈칸에 알맞은 한자를 써 보아요.

(1) 중국은 메콩강 상류(　　流)에 거대한 댐을 건설해 흐르는 물의 양을 조절했다.

(2) 여객선의 운항 중지(中　　)로 우리는 외딴 섬에서 발이 묶였다.

(3) 요구르트를 마신 후 양치(養　　)질하는 것을 잊지 말렴.

(4) 어린이를 고려한 보행(　　行) 안전시설도 더 필요하다.

140

**4** 내용을 소리 내어 읽고 한자를 한글로 써 보세요.

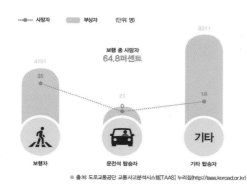

어린이가 교통사고로 사망하는 유형을 보면 步行 중에 교통사고로 사망하는 경우의 비율이 매우 높다. 어린이의 생명을 지키려면 步行 중인 어린이의 교통사고를 줄일 수 있는 방법을 찾아야 한다.

*국어 5

**5** 열쇠의 뜻 풀이를 이용하여 가로 세로 단어 퍼즐을 완성해 보세요.

[가로열쇠 ①] ~과 같거나 위

[세로열쇠 ②] 위쪽 흐름

**6** QR코드를 찍어 영상을 본 후, 문제를 풀어 보아요.

(1) 음: 상    뜻: _____

관련단어: _____

(2) 음: 하    뜻: _____

관련단어: _____

7급

## 아래 하

### 下 알아 보기

| 옛한자 | 二 |

사물의 아래쪽을 나타낸 글자입니다. 上위 상을 뒤집어 놓은 모양인데, 역시 기준선보다 아래에 있는 모든 것을 점 하나를 찍어 상징적으로 나타내었습니다.

### 下 따라 쓰기

3획　一 丁 下

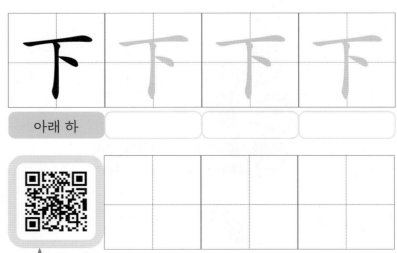

아래 하

↑ 찍으면 획순 영상이 나옵니다.

교과서에 나온 내용을 소리 내어 읽어 보아요.

**국어 3**

下人
아래 하  사람 인

하인

뜻 **아래에 두고 부리는 사람**

"우리 집 감을 왜 허락도 없이 따려고 하시오?" 옆집 下人이 말했습니다. "무슨 말인가? 우리 감나무에 달린 감이야.""도련님댁 감이라고요? 그건 우리 감이에요. 보시다시피 우리 집으로 가지가 넘어왔잖아요."

**수학 5**

以下
써 이  아래 하

이하

뜻 **~과 같거나 아래**

10.0, 9.5, 9.0, 8.7 등과 같이 10과 같거나 작은 수를 10 以下인 수라고 합니다.

 **핵심 어휘 완성하기!**

*정답 : 246쪽

(1) "우리 집 감을 왜 허락도 없이 따려고 하시오?" 옆집 하인(⬚人)이 말했습니다.

(2) 10과 같거나 작은 수를 10 이하(以⬚)인 수라고 합니다.

# 블록한자

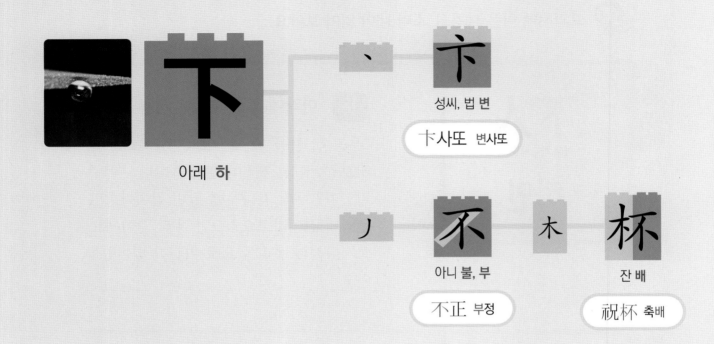

아래 하

성씨, 법 변

卞사또 변사또

아니 불, 부

不正 부정

잔 배

祝杯 축배

*氏 성씨, 正 바를 정, 祝 빌 축

## 성씨, 법 변 [1급]

下아래 하에 점 하나를 찍으면 卞성씨, 법 변이 됩니다. 우리나라 성씨의 하나입니다. 《춘향전》의 변사또가 아마 가장 유명한 인물이 아닐까요?

卞사또

변 사 또

**뜻** 《춘향전》에 나오는 나쁜 사또

**예** 卞사또 앞으로 끌려 나온 춘향이의 눈을 보시오.

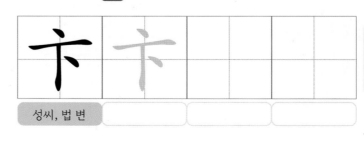

성씨, 법 변

144

## 아니 불, 부 [7급]

下아래 하와 비슷하게 생긴 또 다른 글자로 不아니 불, 부도 있습니다. 下보다 한 획이 더 많은데, 영어의 'not'과 뜻이 같습니다. 쓰임새가 정말 많은데 不安불안, 不動産 부동산 등에 들어가는 불(부)은 모두 不입니다.

 不 따라쓰기

### 不

부 정

| 뜻 | 바르지 않음 |
|---|---|
| 예 | 그는 不正한 수단으로 재물을 모았다. |

아니 불, 부

## 잔 배 [3급]

不아니 불, 부에 木나무 목을 붙이면 杯잔 배가 됩니다. 木이 붙은 까닭은 예전에는 잔을 나무로 많이 만들었기 때문입니다.

 杯 따라쓰기

### 祝杯

축 배

| 뜻 | 축하의 술잔 |
|---|---|
| 예 | 승리했으니 모두 다 같이 祝杯를 높이 듭시다. |

잔 배

# 문제 풀기

**1** 네모칸에 알맞은 글자를 넣어 보아요.

下
아래 하

성씨, 법 변

아니 불, 부

잔 배

**2** 한자의 음과 뜻을 알맞게 이어 보아요.

(1) 下 ·    · 배 ·    · 아니다

(2) 卞 ·    · 불, 부 ·    · 아래

(3) 不 ·    · 변 ·    · 성씨, 법

(4) 杯 ·    · 하 ·    · 잔

**3** 빈칸에 알맞은 한자를 써 보아요.

(1) 홍라는 <u>하인(    人)</u>들에게 말을 팔 거라는 핑계를 대고 세 마리를 미리 빼돌렸다.

(2) <u>변(    )</u>사또 앞으로 끌려 나온 춘향이의 눈을 보시오.

(3) 그는 <u>부정(    正)</u>한 수단으로 재물을 모았다.

(4) 승리했으니 모두 다 같이 <u>축배(祝    )</u>를 높이 듭시다.

146

**4** 내용을 소리 내어 읽고 한자를 한글로 써 보세요.

> 10.0, 9.5, 9.0, 8.7 등과 같이 10과 같거나 작을 수를 10以下인 수라고 합니다.
> 10以下인 수를 수직선에 나타내면 다음과 같습니다.

*수학 5

**5** 열쇠의 뜻 풀이를 이용하여 가로 세로 단어 퍼즐을 완성해 보세요.

[가로열쇠 ①] ~과 같거나 아래

[세로열쇠 ②] 아래에 두고 부리는 사람

**6** QR코드를 찍어 영상을 본 후, 문제를 풀어 보아요.

(1) 음: ＿＿＿＿＿＿  뜻: ＿＿＿＿＿＿＿＿

관련단어: ＿＿＿＿＿＿＿＿＿＿＿＿＿＿＿＿＿

# 한자성어

> **막상막하**
> **(莫上莫下)**

위도 없고 아래도 없음, 둘의 실력이 비슷함. [없을 莫]

동영상으로 익히는

# 🖥 블록한자

\* 아래 QR을 찍으면 동영상이 나옵니다. 동영상을 따라서 한눈에 정리해보아요.

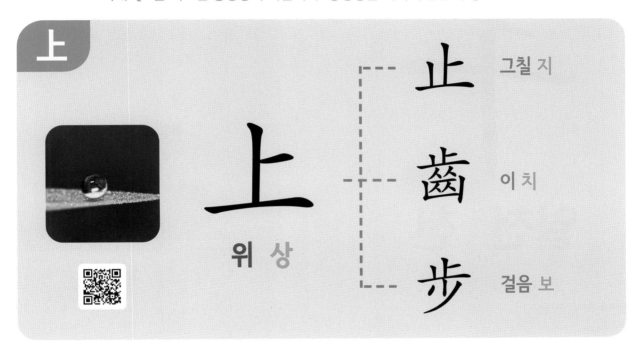

**上**
上
위 상

止 그칠 지
齒 이 치
步 걸음 보

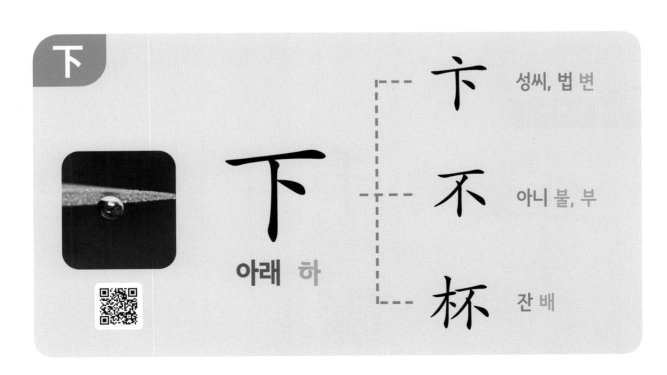

**下**
下
아래 하

卞 성씨, 법 변
不 아니 불, 부
杯 잔 배

千
7급

## 일천 천

### 千 알아보기

옛한자 千

千일천 천은 十열 십에 ノ삐칠 별을 더해 1,000을 나타내는 글자입니다. 유래는 아직 정확하게 밝혀져 있지 않습니다만, 기본적으로 익혀 두어야 합니다.

### 千 따라 �기

3획  ノ 二 千

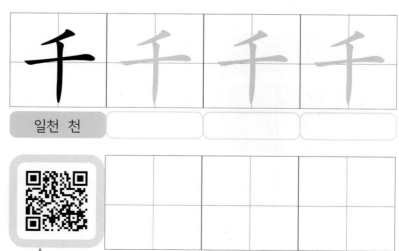

일천 천

↑찍으면 획순 영상이 나옵니다.

교과서에 나온 내용을 소리 내어 읽어 보아요.

**국어 6**

千萬
일천 천　일만 만

천만

> 뜻 **만의 천 배, 천번 만번 아님**

"이 사과들은 우리 거예요!" "千萬에! 이건 우리 것입니다" "이 사과를 처음 본 건 우리라고요." 두 동네 사이에는 툭하면 싸움이 벌어졌어.

**교과서 밖**

千字文
일천 천　글자 자　문장 문

천자문

> 뜻 **천 개의 한자로 쓴 문장**

千字文은 중국의 양나라 사람 주흥사가 지은 책이다. 중요한 글자 1000자를 수록하고 있는데, 놀랍게도 전체적으로는 한 편의 내용을 이루는 긴 시(詩)다. 한문 학습서로 큰 인기를 끌었다.

 **핵심 어휘 완성하기!**

*정답 : 246쪽

(1) "이 사과들은 우리 거예요!" "천만(☐萬)에! 이건 우리 것입니다!"

(2) 천자문(☐字文)은 천 개의 글자로 이루어진 긴 시다.

# 블록 한자

* 千은 많이 쓰이는 파생자가 없으므로 유사한 干의 파생자를 배워보아요.

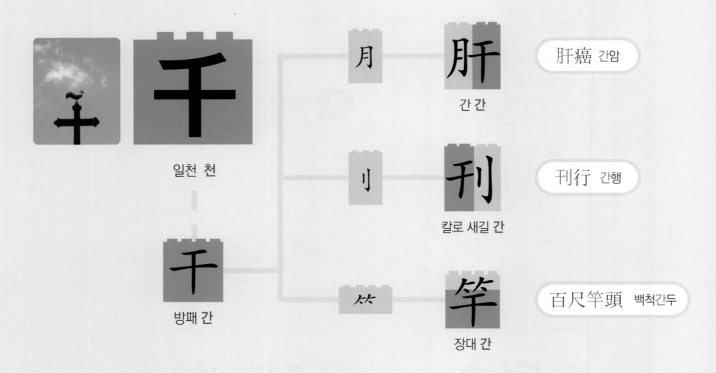

千 일천 천

干 방패 간

月 → 肝 간 간 → 肝癌 간암

刂 → 刊 칼로 새길 간 → 刊行 간행

⺮ → 竿 장대 간 → 百尺竿頭 백척간두

* 刂 = 刀 칼 도, 竹 대 죽, 癌 암 암, 行 갈 행, 百 백 백, 尺 자 척, 頭 머리 두

## 간 간 3급

千일천 천과 비슷한 글자로는 干방패 간이 있습니다. 干은 고기를 뜻하는 月육달 월과 결합하여 肝간 간자를 만듭니다.

 肝 따라 쓰기

肝癌 뜻 간에 생긴 암
간 암 예 만성 간염은 간경화나 肝癌으로 악화될 확률이 높다.

간 간

152

### 칼로 새길 간　3급

干방패 간에 刂칼 도를 붙이면 刊칼로 새길 간이 됩니다. 옛날에는 칼로 나무를 새겨 책을 찍어내었기 때문에 '책을 펴내다'란 뜻을 지닙니다. 刊行간행, 出刊출간 등의 단어를 만듭니다.

刊 따라 쓰기

**刊行**　뜻　나무를 깎아 책을 발행함

간 행　예　그 책이 刊行된 이후 다시 20년이 지났다.

칼로 새길 간

---

### 장대 간　1급

干방패 간 위에 竹대 죽을 쓰면 竿장대 간이 됩니다. 장대를 만드는 가장 대표적인 나무가 대나무이기에 竹을 붙였습니다. 百尺竿頭백척간두라는 말을 들어보셨나요? 백 길이나 되는 장대의 끝을 뜻하는 말로 위태로운 상황을 말합니다.

竿 따라 쓰기

**百尺竿頭**　뜻　백 척이나 되는 장대의 끝

백 척 간 두　예　지금은 국가의 운명이 百尺竿頭에 선 절박한 시기이다.

장대 간

# 문제 풀기

## 1 네모칸에 알맞은 글자를 넣어 보아요.

千
일천 천

| □
간 간

干 □
칼로 새길 간

□ 干
장대 간

## 2 한자의 음과 뜻을 알맞게 이어 보아요.

(1) 千 ·        · 간 ·        · 장대

(2) 肝 ·        · 간 ·        · 칼로 새기다

(3) 刊 ·        · 간 ·        · 일천

(4) 竿 ·        · 천 ·        · 간

## 3 빈칸에 알맞은 한자를 써 보아요.

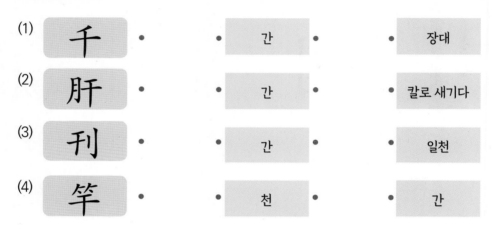

(1) 피고인을 벌금 천만( □ 萬)원에 처해 주시기 바랍니다.

(2) 만성 간염은 간경화나 간암( □ 癌)으로 악화될 확률이 높다.

(3) 그 책이 간행( □ 行)된 이후 다시 20년이 지났다.

(4) 지금은 국가의 운명이 백척간두(百尺 □ 頭)에 선 절박한 시기라는 것을 잊지 마라.

**4** 내용을 소리 내어 읽고 한자를 한글로 써 보세요.

> **감상**
>
> 여행하며 든 생각이나 느낌을 표현함.
>
> *국어 5

- 유리 벽 사이로라도 석굴암을 볼 수 있어 千萬다행이라고 생각했다.
- 무령왕릉 내부를 보는 동안 머리카락이 쭈뼛 서는 듯한 감동이 밀려왔다.

-------

**5** 열쇠의 뜻 풀이를 이용하여 가로 세로 단어 퍼즐을 완성해 보세요.

[가로열쇠 ①] 만의 천 배, 천번 만번 아님

[세로열쇠 ①] 천 개의 한자로 쓴 문장

**6** QR코드를 찍어 영상을 본 후, 문제를 풀어 보아요.

기울어야 하나

음: 45도

(1) 음: _____ 뜻: _____

관련단어: _____

## 萬

8급

## 일만 만

### 萬 알아 보기

옛한자

萬일만 만은 禺긴꼬리원숭이 우에서 파생한 글자입니다. 그림에서 보듯이 긴꼬리원숭이가 팔을 위로 하고 꼬리를 말고 있는 모습을 본떴습니다. 萬은 禺 위에 艹풀 초를 그린 글자로, 원숭이 머리 위에 있는 수많은 나뭇잎에서 10,000이라는 큰 숫자를 나타냅니다.

### 萬 따라 쓰기

13획

一 十 世 莊 莊 莳 苩
苩 莒 萬 萬 萬 萬

| 萬 | 萬 | 萬 | 萬 |
|---|---|---|---|
| 일만 만 | | | |

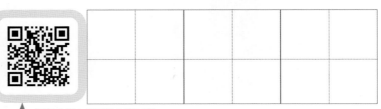

↖찍으면 획순 영상이 나옵니다.

# 교과서 핵심 어휘

 교과서에 나온 내용을 소리 내어 읽어 보아요.

**국어 4**

萬一
일만 만   한 일

만일

뜻 **만에 하나**

"기회는 딱 한 번 뿐이야. 萬一 틀린 항아리를 고르면, 너는 엄마를 영영 못 찾게 될 꺼야." 꽃담이는 어이가 없었어요. "萬一 내가 찾으면 어떻게 할 건데."

**교과서 밖**

萬有引力
일만 만 있을 유 끌 인 힘 력

만유인력

뜻 **모든 것은 끌어당기는 힘이 있음**

萬有引力의 법칙이란 무게를 가진 모든 물체는 서로 끌어당기는 힘이 있다는 법칙입니다. 이 법칙은 아이작 뉴턴이 사과가 떨어지는 것을 보고 영감을 얻어 발견하였다고 합니다.

 **핵심 어휘 완성하기!**

*정답 : 246쪽

(1) 꽃담이는 어이가 없었어요. "만일(  —)내가 찾으면 어떻게 할 건데"

(2) 만유인력(  有引力)은 '모든 물체는 서로 끌어당기는 힘이 있다'는 말입니다.

# 블록 한자

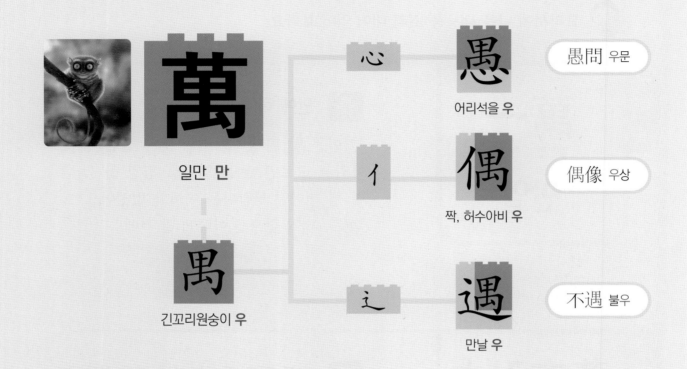

**萬** 일만 만

**禺** 긴꼬리원숭이 우

心 → **愚** 어리석을 우 → 愚問 우문

亻 → **偶** 짝, 허수아비 우 → 偶像 우상

辶 → **遇** 만날 우 → 不遇 불우

\* 心 마음 심, 辶 걸을 착, 問 물을 문, 像 형상 상

## 어리석을 우 3급

萬일만 만에서 머리 부분을 떼면 禺긴꼬리원숭이 우입니다. 禺 아래에 心마음 심을 붙이면 '원숭이의 마음'이란 뜻의 愚어리석을 우가 됩니다. 아무래도 원숭이가 사람보다는 어리석죠.

 愚 따라쓰기

**愚問** | 뜻 | 어리석은 질문
우 문 | 예 | 물음 자체가 愚問인데 대답할 필요가 있겠어?

어리석을 우

## 짝, 허수아비 우 `3급`

禺긴꼬리원숭이 우 앞에 亻사람 인을 나란히 두면 偶짝,허수아비 우가 되는데, 동물 중에는 원숭이가 사람과 가장 비슷하여 짝이 될 만하다는 뜻을 담고 있습니다. 또 사람의 모양과 닮아 사람과 짝이 되는 허수아비를 뜻하기도 합니다.

### 偶像
우 상

 사람 형상, 숭배의 대상

 자수성가한 강 선생님은 어린 우리들의 偶像이었다.

짝, 허수아비 우

---

## 만날 우 `4급`

禺긴꼬리원숭이 우 아래에 움직임을 뜻하는 辶움직일 착을 쓰면 遇만날 우가 됩니다. 不遇불우는 좋은 때를 만나지 못했다는 뜻이고, 이외에도 마주보며 만난다는 뜻의 對遇대우 같은 단어에도 쓰입니다.

### 不遇
불 우

 좋은 때를 만나지 못함

예 형은 비범한 능력에도 불구하고 평생을 不遇하게 살다 가셨다.

만날 우

# 문제 풀기

**1** 네모칸에 알맞은 글자를 넣어 보아요.

萬
일만 만

禺
어리석을 우

禺
짝, 허수아비 우

禺
만날 우

**2** 한자의 음과 뜻을 알맞게 이어 보아요.

(1) 萬 • • 우 • • 만나다

(2) 愚 • • 우 • • 짝, 허수아비

(3) 偶 • • 우 • • 일만

(4) 遇 • • 만 • • 어리석다

**3** 빈칸에 알맞은 한자를 써 보아요.

(1) 만일(☐一) 태풍이 없다면 적도 지방과 극지방의 온도 차가 점점 심해질 것이다.

(2) 물음 자체가 우문(☐問)인데 대답할 필요가 있겠어?

(3) 자수성가한 강 선생님은 어린 우리들의 우상(☐像)이었다.

(4) 형은 비범한 능력에도 불구하고 평생을 불우(不☐)하게 살다 가셨다.

**4** 내용을 소리 내어 읽고 한자를 한글로 써 보세요.

신문고 제도
백성들은 억울한 일이 있을 때 대궐 밖에 설치된 북을 쳐서 임금에게 알릴 수 있었다.

萬— 내가 억울한 일을 당한다면 어떤 방법으로 해결할지 이야기해 봅시다. *사회 5 _____

**5** 열쇠의 뜻 풀이를 이용하여 가로 세로 단어 퍼즐을 완성해 보세요.

[가로열쇠 ①] 모든 것은 끌어당기는 힘이 있음

[세로열쇠 ①] 만에 하나

**6** QR코드를 찍어 영상을 본 후, 문제를 풀어 보아요.

누가 짝이래?

히잉~

(1) 음: _____ 뜻: _____

관련단어: _____

## 만화로 배우는
# 한자성어

**천군만마 (千軍萬馬)**

천 명의 군사와 만 마리의 말, 든든한 병력을 뜻함.

[군사 軍, 말 馬]

너, 아직 동아리 안 정했지?

그럼 우리 동아리...

?

...나 말이야?

홍보부에 들어오는 게 어때?

부탁이야~ 라리 너 하나 있으면 **천군만마 千軍萬馬**가 부럽지 않으니까!

음... 상관은 없지만... 기대에 부응하지 못할 것 같은데.

괜찮아 괜찮아, 이름만 올려주고 숨만 쉬면 되니까!

그걸 천군만마라고 할 수 있냐?

아무튼 뭐, 그래라.

**잠시 후**

뭐! 라리가 홍보부에 들어갔다고?!

이 기회를 놓칠 순 없지, 나도 가겠어!

뭐? 반짝이가 홍보부에 들어간다고?!

우리도 간다!

**천군만마 千軍萬馬** 맞다니깐...

고구마마냥 천군만마를 줄줄이 끌어왔잖아~

다른 말로, 든든한 **우군** (友軍, 우리편 군사) 이라고도 하지!

고구마가 아니라?

* 아래 QR을 찍으면 동영상이 나옵니다. 동영상을 따라서 한눈에 정리해보아요.

**千**

千
일천 천

肝 간 간

刊 칼로 새길 간

竿 장대 간

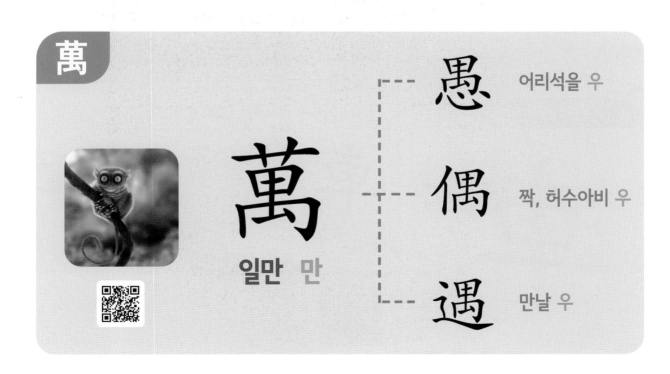

**萬**

萬
일만 만

愚 어리석을 우

偶 짝, 허수아비 우

遇 만날 우

**7급**

**수레 거, 차**

## 車 알아보기

옛한자 🐘→

車수레 거, 차는 수레를 위에서 본 모습을 본뜬 글자입니다. 아래위의 一자들은 두 바퀴이고, 세로로 내리그은 획은 차축, 가운데 日은 수레의 몸통입니다.

 **車 따라 쓰기**

**7획** 一 ㄷ ㄷ ㄷ 百 亘 車

**수레 거, 차**

↑ 찍으면 획순 영상이 나옵니다.

# 교과서 핵심 어휘

 교과서에 나온 내용을 소리 내어 읽어 보아요.

## 사회 6

**馬車**
말 마　수레 차

**마차**

**뜻** 말이 끄는 수레

영국의 자동차 운전석은 오른쪽에 있다. 옛날 영국 사람들은 馬車를 타고 다녔는데 마부가 쓰는 채찍에 다치지 않도록 마부가 오른쪽에 앉았다. 이런 풍습이 오늘날에도 이어져 온 것이다.

## 국어 6

**自轉車**
스스로 자　구를 전　수레 거

**자전거**

**뜻** 스스로 굴러가는 수레

"아침부터 어디 갔다 오세요?" 이모는 自轉車를 세우고 우물가로 가서 퐁을 우물 속으로 내렸다.
"自轉車가 바람 쐬러 가자고 졸라대서."

 핵심 어휘 완성하기!

*정답 : 246쪽

(1) 옛날 영국 사람들은 마차(馬 [　] )를 타고 다녔다.

(2) 이모는 자전거(自轉 [　] )를 세우고 우물가로 가서 퐁을 우물 속으로 내렸다.

# 블록 한자

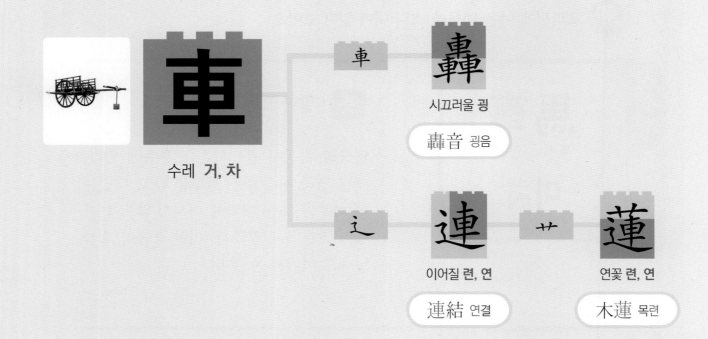

車 수레 거, 차

車 → 轟 시끄러울 굉
轟音 굉음

辶 → 連 이어질 련, 연
連結 연결

艹 → 蓮 연꽃 련, 연
木蓮 목련

\* 辶 걸을 착, ⺿＝艸 풀 초, 音 소리 음, 結 맺을 결

## 시끄러울 굉  1급

車수레 거, 차 세 대를 삼각형 모양으로 모아 둔 글자가 있습니다. 轟시끄러울 굉이 바로 그 글자입니다. 이 글자의 뜻은 많은 수레가 굴러가는 것과 관련되어 있는데, 여러 대의 수레가 지나갈 때 내는 시끄러운 소리 즉, 轟音굉음을 표현한 글자입니다.

轟音 뜻 시끄러운 소리

굉 음 예 우리의 머리 위로 전투기가 轟音을 내며 지나갔다.

시끄러울 굉

# 이어질 련, 연 4급

車수레 거, 차가 辶_움직일 착과 결합하면 수레가 연달아 지나가는 것을 뜻하는 連이어질 련, 연이 됩니다. 連結연결, 連續연속 등의 단어에 들어갑니다.

## 連結
연 결

**뜻** 이어서 묶음

**예** 이 단락은 문장과 문장 사이의 連結이 부자연스럽다.

이어질 련, 연

# 연꽃 련, 연 3급

連이어질 련, 연에 ++풀 초를 써서 식물의 한 종류인 蓮연꽃 련, 연을 나타내기도 합니다. 연꽃은 꽃들이 연이어 피는 걸까요?

## 木蓮
목 련

**뜻** 목련, 나무에 달린 연꽃

**예** 선생님 댁의 정원에는 木蓮이 흐드러지게 피어 있었다.

연꽃 련, 연

# 문제 풀기

**1** 네모칸에 알맞은 글자를 넣어 보아요.

車
수레 거, 차

車
시끄러울 굉

車
이어질 련, 연

連
연꽃 련, 연

**2** 한자의 음과 뜻을 알맞게 이어 보아요.

(1) 車 · · 련, 연 · · 이어지다

(2) 轟 · · 굉 · · 수레

(3) 連 · · 련, 연 · · 시끄럽다

(4) 蓮 · · 거, 차 · · 연꽃

**3** 빈칸에 알맞은 한자를 써 보아요.

(1) 이 올레길에서는 자전거(自轉 　 )를 탈 수 있겠구나.

(2) 우리의 머리 위로 전투기가 굉음( 　 音)을 내며 지나갔다.

(3) 이 단락은 문장과 문장 사이의 연결( 　 結)이 부자연스럽다.

(4) 선생님 댁의 정원에는 목련(木 　 )이 흐드러지게 피어 있었다.

**4** 내용을 소리 내어 읽고 한자를 한글로 써 보세요.

> 영국의 자동차 운전석은 오른쪽에 있다. 옛날 영국 사람들은 馬車를 타고 다녔는데 마부가 쓰는 채찍에 다치지 않도록 마부가 오른쪽에 앉았다고 한다.

\*사회 6

................................................

**5** 열쇠의 뜻 풀이를 이용하여 가로 세로 단어 퍼즐을 완성해 보세요.

[가로열쇠 ①] 말이 끄는 수레

[세로열쇠 ②] 스스로 굴러 가는 수레

**6** QR코드를 찍어 영상을 본 후, 문제를 풀어 보아요.

쾅? 꾕!

3중 추돌

(1) 음: ............ 뜻: ............

관련단어: ............................................

반디랑 블록 한자 **169**

# 舟

3급

## 배 주

---

### 舟 알아보기

옛한자 **月**

舟배 주는 배의 모습을 본뜬 글자입니다. 옛 글자에서 네모난 배의 모습이 보입니다. 지금 글자에서는 마지막에 가로로 죽 그은 획—이 더 추가되어 있는데 이건 노를 강조한 것입니다.

---

### 舟 따라 쓰기

| 舟 | 舟 | 舟 | 舟 |
|---|---|---|---|

배 주

6획  ´ ´ 丿 刀 冃 舟 舟

↳ 찍으면 획순 영상이 나옵니다.

# 교과서 핵심 어휘

 교과서에 나온 내용을 소리 내어 읽어 보아요.

**교과서 밖**

**方舟**
모방 배주

**방주**

뜻 **네모난 배**

하나님의 계시에 따라 方舟를 만들어 대홍수를 피할 수 있었던 노아. 노아의 방주는 기독교인이 아닌 현대인들에게도 잘 알려져 있다.

**교과서 밖**

**一葉片舟**
한일 잎엽 조각편 배주

**일엽편주**

뜻 **하나의 나뭇잎만 한 조각배**

대자연 속에 들어간 왜소한 인간의 상징

옛날 사람이 이른바, "一葉片舟를 가는 대로 맡겨 만 이랑의 파도를 헤치고 나간다."는 것이 바로 이런 것인가.

 **핵심 어휘 완성하기!**

*정답 : 246쪽

(1) 하나님의 계시에 따라 방주(方 ☐ )를 만들어 대홍수를 피할 수 있었던 노아.

(2) 일엽편주(一葉片 ☐ )를 가는 대로 맡겨 만 이랑의 파도를 헤치고 나간다.

# 블록 한자

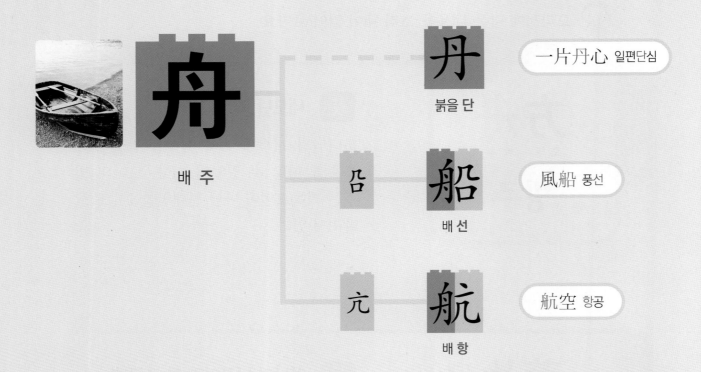

舟 배 주

丹 붉을 단 ── 一片丹心 일편단심

㕣 늘 船 배 선 ── 風船 풍선

亢 오 航 배 항 ── 航空 항공

\* 㕣 늪 연, 亢 오를 항, 片 조각 편, 心 마음 심, 風 바람 풍, 空 텅빌 공

---

## 붉을 단  3급

舟배 주와 비슷하게 생긴 丹붉을 단도 있습니다. 이 글자는 동굴에 있는 붉은 돌 하나를 본뜬 글자로 알려져 있습니다. 이 글자가 쓰인 가장 유명한 단어로는 一片丹心일편단심이 있습니다.

丹 따라 쓰기

一片丹心   뜻  한 조각 붉은 마음

일 편 단 심  예  임 향한 一片丹心이야 변할 줄이 있으랴?

붉을 단

172

## 배 선 5급

舟배 주에 合=㕣늪 연을 결합하면 船배 선이 됩니다. '늪을 건너는 배'라는 뜻일까요?
漁船어선, 風船풍선 등의 단어에 이 글자가 쓰입니다.

**風船** 뜻 바람을 넣은 배

풍 선 예 헬륨은 비행선이나 風船을 공중에 띄우는 용도로 이용됩니다.

| 船 | 船 | | | |
|---|---|---|---|---|
| 배 선 | | | | |

## 배 항 4급

舟배 주에 亢오를 항을 결합한 航배 항도 있습니다. 역시 배를 뜻하는 말입니다. 航海항해,
航空항공 등의 단어에 들어갑니다. 바다를 다니면 航海, 하늘을 다니면 航空이 됩니다.

**航空** 뜻 공중을 다니는 배

항 공 예 다른 나라에 갈 때 航空을 이용하는 것이 편리하다.

| 航 | 航 | | | |
|---|---|---|---|---|
| 배 항 | | | | |

반디랑 블록 한자 173

# 문제 풀기

**1** 네모칸에 알맞은 글자를 넣어 보아요.

舟
배 주

丹
붉을 단

舟[ ]
배 선

舟[ ]
배 항

**2** 한자의 음과 뜻을 알맞게 이어 보아요.

(1) 舟 ·    · 단 ·    · 배

(2) 丹 ·    · 항 ·    · 붉다

(3) 船 ·    · 선 ·    · 배

(4) 航 ·    · 주 ·    · 배

**3** 빈칸에 알맞은 한자를 써 보아요.

(1) 노아는 하나님의 계시에 따라 방주(方[ ])를 만들어 대홍수를 피할 수 있었다.

(2) 임 향한 일편단심(一片[ ]心)이야 변할 줄이 있으랴?

(3) 헬륨은 비행선이나 풍선(風[ ])을 공중에 띄우는 용도로 이용됩니다.

(4) 다른 나라에 갈 때 배를 이용하는 것보다 항공([ ]空)을 이용하는 것이 편리하다.

**4** 내용을 소리 내어 읽고 한자를 한글로 써 보세요.

공기는 둥근 風船에 넣으면 둥근 모양이 되고, 막대 모양의 風船에 넣으면 막대 모양이 됩니다.

*과학 3

........................................................

**5** 열쇠의 뜻 풀이를 이용하여 가로 세로 단어 퍼즐을 완성해 보세요.

[가로열쇠 ①] 하나의 나뭇잎만 한 조각배

[세로열쇠 ②] 네모난 배, 노아가 잣나무로 만든 네모 모양의 배

**6** QR코드를 찍어 영상을 본 후, 문제를 풀어 보아요.

(1) 음: 항    뜻: ........................
　　관련단어: ........................

(2) 음: 선    뜻: ........................
　　관련단어: ........................

# 만화로 배우는
# 한자성어

> **오월동주**
> (吳越同舟)

오나라와 월나라가 같은 배를 탐, 원수끼리 서로 도와야 하는 상황을 일컫는 말. [나라이름 吳, 넘을 越, 같을 同]

同舟濟江 동주제강
(=같은 배로 강을 건넘)
이라고도 하지.

# 블록한자

\* 아래 QR을 찍으면 동영상이 나옵니다. 동영상을 따라서 한눈에 정리해보아요.

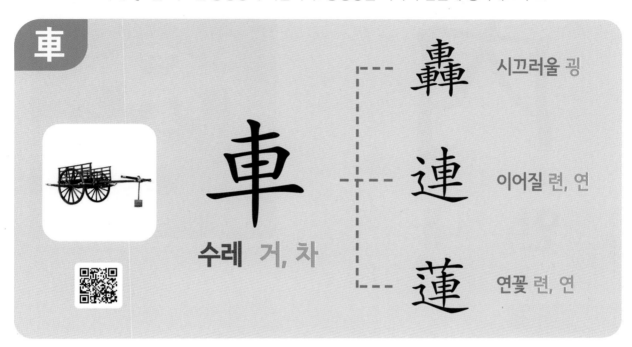

**車**

車
수레 **거, 차**

轟 시끄러울 굉

連 이어질 **련, 연**

蓮 연꽃 **련, 연**

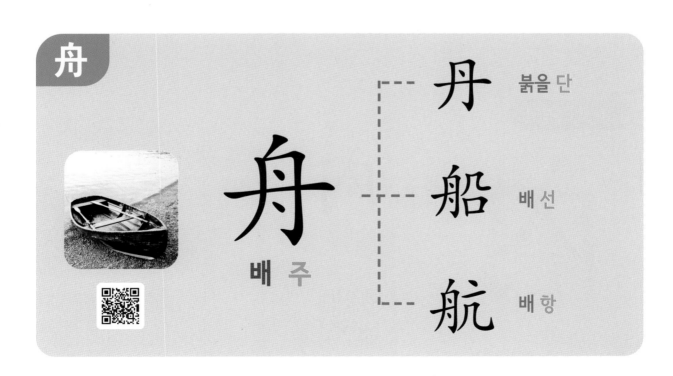

**舟**

舟
배 **주**

丹 붉을 **단**

船 배 **선**

航 배 **항**

內
7급

안 내

## 內 알아 보기

옛한자

집안에 사람이 들어가는 모습을 본뜬 글자입니다. 冂멀 경은 집의 테두리를 그린 것이고, 入들 입은 '그 안으로 들어가다'의 뜻입니다. 入대신 人을 넣어 內로 써도 됩니다.

## 內 따라 쓰기

4획  丨 冂 内 內

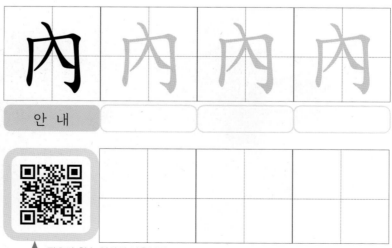

안 내

↑ 찍으면 획순 영상이 나옵니다.

# 교과서 핵심 어휘

 교과서에 나온 내용을 소리 내어 읽어 보아요.

**과학 4**

**室內**
집실  안내
**실내**

뜻 **집의 안**

식물이 살아가는 데에는 물, 공기, 햇빛 등이 필요합니다. 투명한 플라스틱 컵을 이용해 물을 계속 주지 않아도 되는 室內 정원을 만들어 봅시다.

**국어 6**

**內面**
안내  얼굴면
**내면**

뜻 **안쪽 면, 마음 속**

허련은 절망감으로 괴로웠다. '내 內面을 깊고 그윽한 무엇으로 채우지 않고서는 제대로 된 그림을 그릴 수 없겠구나.'

 **핵심 어휘 완성하기!**

*정답 : 247쪽

(1) 투명한 플라스틱 컵을 이용해 물을 계속 주지 않아도 되는 실내(室 [ ])정원을 만들어 봅시다.

(2) 내면( [ ] 面)을 깊은 무엇으로 채우지 않고서는 제대로 된 그림을 그릴 수 없겠구나.

# 블록 한자

안 내

丙
남쪽 병

丙子年 병자년

納
들일 납

納入 납입

訥
말 더듬을 눌

語訥 어눌

\* 糸 실 멱, 言 말씀 언, 年 해 년, 入 들어갈 입, 語 말씀 어

### 남쪽 병 3급

內안 내의 위쪽에 一한 일을 쓰면 丙남쪽 병이 됩니다. '갑을병정…'의 그 丙입니다. 대표적으로 1636년의 병자호란(丙子胡亂), 1866년의 병인양요(丙寅洋擾) 등이 있습니다. 丙이 들어간 연도는 모두 6으로 끝나는 공통점이 있습니다.

 丙 따라 쓰기

**丙子年**
병 자 년

뜻 60년 주기의 1636, 1696, 1756 … 년 등을 일컫는 말

예 丙子호란은 조선을 전기와 후기로 갈라놓는 중대한 사건이다.

남쪽 병

## 들일 납 `4급`

內안 내에 糸실 멱을 붙이면 納들일 납이 됩니다. 실이나 줄을 안으로 끌어들인다는 의미입니다. 納入납입이 대표적인 단어입니다.

### 納入
납 입

뜻 들여 넣음

예 병원비가 다 納入되었다면 퇴원해도 좋습니다.

들일 납

## 말 더듬을 눌 `1급`

訥말 더듬을 눌자에 內안 내가 들어갑니다. 그 이유는 말[言]이 밖으로 나오지 못하고 자꾸 안[內]에서 맴맴 돌기 때문입니다.

### 語訥
어 눌

뜻 말을 더듬더듬함

예 "말이 語訥하다고 해서 생각까지 語訥한 건 아냐."

말 더듬을 눌

# 문제 풀기

**1** 네모칸에 알맞은 글자를 넣어 보아요.

| 內 | 丙 | □內 | □內 |
|---|---|---|---|
| 안 내 | 남쪽 병 | 들일 납 | 말 더듬을 눌 |

**2** 한자의 음과 뜻을 알맞게 이어 보아요.

(1) 內 · · 병 · · 들이다

(2) 丙 · · 눌 · · 남쪽

(3) 納 · · 납 · · 말 더듬다

(4) 訥 · · 내 · · 안

**3** 빈칸에 알맞은 한자를 써 보아요.

(1) 실내(室 □ )에서뿐만 아니라 공원, 정원 등 야외에서 결혼식을 합니다.

(2) 임진왜란과 병자호란( □ 子胡亂)은 조선을 전기와 후기로 갈라놓는 중대한 사건이었다.

(3) 병원비가 다 납입( □ 入)되었다면 퇴원해도 좋습니다.

(4) "말이 어눌(語 □ )하다고 해서 생각까지 어눌한 건 아냐"

**4** 내용을 소리 내어 읽고 한자를 한글로 써 보세요.

〈실내 공기 정화 장치〉

> 교실, 영화관, 사무실 등과 같은 室內에는 많은 사람이 머무릅니다. 이런 장소에서는 산소가 많이 부족해지기 쉬워 산소를 공급하는 장치를 사용하기도 합니다. 우리가 숨을 쉬는 공기에는 산소가 들어 있습니다.
>
> *과학 6

_____

**5** 열쇠의 뜻 풀이를 이용하여 가로 세로 단어 퍼즐을 완성해 보세요.

[가로열쇠 ①] 집의 안

[세로열쇠 ②] 안쪽 면, 마음 속

**6** QR코드를 찍어 영상을 본 후, 문제를 풀어 보아요.

(1) 음: _____ 뜻: _____

관련단어: _____

**夕**

7급

## 저녁 석

### 夕 알아보기

| 옛 한 자 |  | 夕저녁 석은 저녁에 뜬 달의 모습을 본뜬 글자입니다. 옛 글자에서 달의 모습이 잘 나타나 있습니다. |

### 夕 따라 쓰기

저녁 석

3획 ノ ク 夕

↑ 찍으면 획순 영상이 나옵니다.

184

교과서에 나온 내용을 소리 내어 읽어 보아요.

**사회 3**

秋夕
가을 추  저녁 석
**추석**

🔖 **뜻** **가을 저녁, 음력 8월 15일의 명절**

秋夕은 설날과 더불어 우리나라의 대표적인 명절입니다. 이외에도 우리나라의 명절에는 정월대보름, 한식, 단오, 동지 등이 있습니다. 명절날 아침에는 조상들께 차례를 지냅니다.

**교과서 밖**

夕陽
저녁 석  볕 양
**석양**

🔖 **뜻** **저녁 햇살**

장날 거리에 영감들이 지나간다. 영감들은 유리창 같은 눈을 번득거리며 투박한 사투리를 떠들어 대며 쇠리쇠리한 夕陽 속에 사나운 짐승같이들 사라졌다.

&lt;백석의 '석양'&gt;

*쇠리쇠리한: 눈부신

 **핵심 어휘 완성하기!**

*정답 : 247쪽

(1) 추석(秋　　　)은 설날과 더불어 우리나라의 대표적인 명절입니다.

(2) 투박한 사투리를 떠들어 대며 쇠리쇠리한 석양(　　　陽) 속에 사나운 짐승같이들 사라졌다.

# 블록 한자

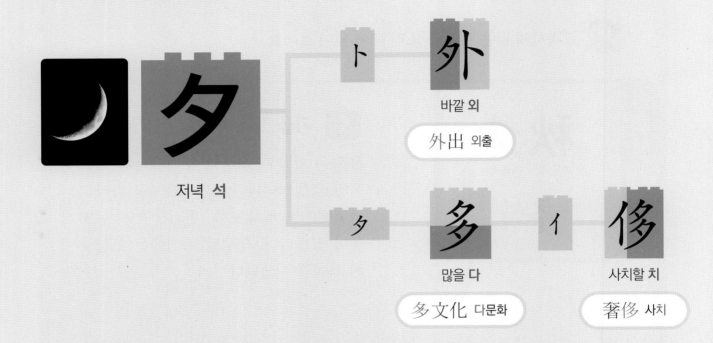

夕 저녁 석

卜 → 外 바깥 외
外出 외출

夕 → 多 많을 다
多文化 다문화

亻 → 侈 사치할 치
奢侈 사치

\* 卜 점 복, 出 날 출, 文 글월 문, 化 될 화, 奢 사치할 사

## 바깥 외　8급

外바깥 외는 夕저녁 석과 卜점 복이 합쳐진 글자입니다. 밖에서 달을 보며 점을 치는 모습으로 생각하면 쉽습니다.

### 外出　뜻　밖으로 나감
외 출　예　미세먼지가 심할 때는 外出을 자제하세요.

바깥 외

## 많을 다 [6급]

夕저녁 석을 두 개 나란히 쓸 수도 있습니다. 그렇게 쓴 글자가 多많을 다인데요, 어떤 물체가 두 개 겹쳐져서 많다는 뜻을 나타내게 되었습니다.

### 多文化 [뜻] 다양한 문화

다 문 화 [예] 학교야말로 多文化를 체험할 수 있는 공간이다.

많을 다

## 사치할 치 [1급]

多많을 다에 亻사람 인을 함께 쓰면 侈사치할 치가 됩니다. 사람이 많은 것을 누리려 한다는 뜻을 담고 있습니다.

### 奢侈 [뜻] 필요 이상으로 크고 많음

사 치 [예] 헬렌도 모금을 위해 奢侈스러운 물건을 사지 않고 돈을 보탰습니다.

사치할 치

# 문제 풀기

**1** 네모칸에 알맞은 글자를 넣어 보아요.

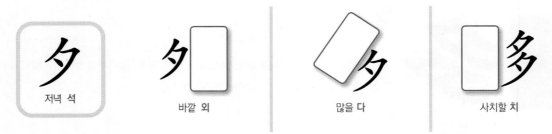

夕 저녁 석    夕 바깥 외    夕 많을 다    多 사치할 치

**2** 한자의 음과 뜻을 알맞게 이어 보아요.

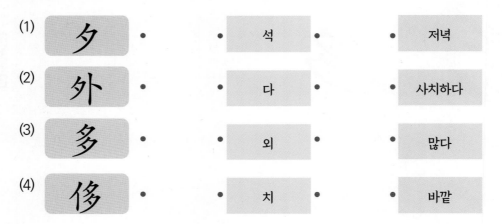

(1) 夕 · · 석 · · 저녁

(2) 外 · · 다 · · 사치하다

(3) 多 · · 외 · · 많다

(4) 侈 · · 치 · · 바깥

**3** 빈칸에 알맞은 한자를 써 보아요.

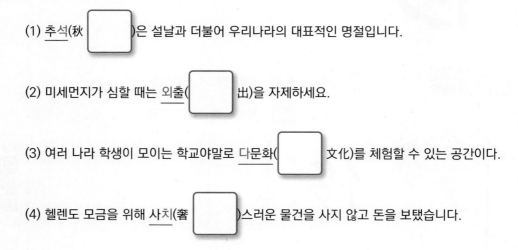

(1) 추석(秋 ☐ )은 설날과 더불어 우리나라의 대표적인 명절입니다.

(2) 미세먼지가 심할 때는 외출( ☐ 出)을 자제하세요.

(3) 여러 나라 학생이 모이는 학교야말로 다문화( ☐ 文化)를 체험할 수 있는 공간이다.

(4) 헬렌도 모금을 위해 사치(奢 ☐ )스러운 물건을 사지 않고 돈을 보탰습니다.

4 내용을 소리 내어 읽고 한자를 한글로 써 보세요.

학교에서는 인권 교육 활동으로 多文化가족에 대한 편견을 없애고 문화의 다양성을 존중하도록 한다.

*사회 5

_____

5 열쇠의 뜻 풀이를 이용하여 가로 세로 단어 퍼즐을 완성해 보세요.

[가로열쇠 ①] 가을의 저녁, 음력 8월 15일의 명절

[세로열쇠 ②] 저녁 햇살

6 QR코드를 찍어 영상을 본 후, 문제를 풀어 보아요.

(1) 음: _____ 뜻: _____

관련단어: _____

반디랑 블록 한자 189

## 외유내강
### (外柔內剛)

겉은 부드럽고 속은 굳셈, 어떤 사람의 겉은 부드러우나 속은 강인함. [부드러울 柔, 굳셀 剛]

캐릭터소개

이세희 선생님
5학년 7반의 담임 선생님.
늘상 부드러운 태도를 보이지만
단호한 면도 있다.

# 동영상으로 익히는
## 블록한자

* 아래 QR을 찍으면 동영상이 나옵니다. 동영상을 따라서 한눈에 정리해보아요.

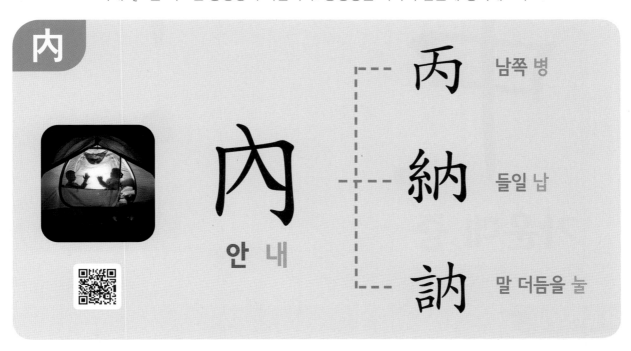

內
안 내

丙 남쪽 병
納 들일 납
訥 말 더듬을 눌

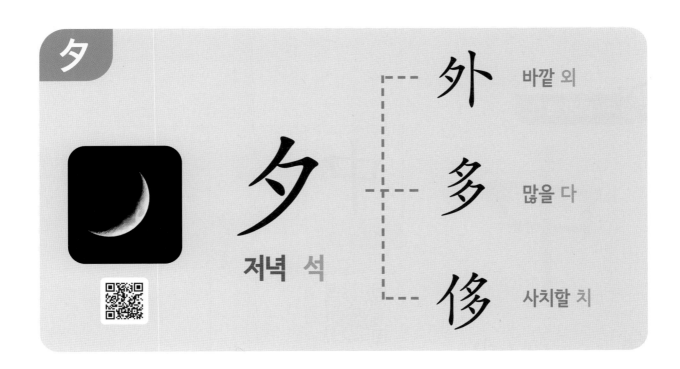

夕
저녁 석

外 바깥 외
多 많을 다
侈 사치할 치

**8급**

## 가운데 중

### 中 알아보기

옛
한
자 **屮**

中가운데 중은 사물의 중앙을 관통하는 모습의 글자입니다. 口입 구는 사과 등과 같은 물건을, |뚫을 곤은 화살과 같은 길고 뾰족한 물체를 표현한 것입니다.

### 中 따라 쓰기

**4획** ㅣ 口 口 中

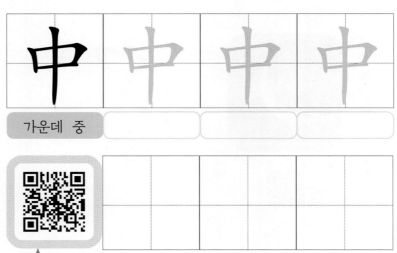

가운데 중

가운데 중

↑찍으면 획순 영상이 나옵니다.

# 교과서 핵심 어휘

 교과서에 나온 내용을 소리 내어 읽어 보아요.

## 사회 3

**中央**
가운데 중 가운데 앙

**중앙**

**뜻** 한가운데

"지도에서 춘천역의 오른쪽 아래로 나 있는 길을 따라가면 中央로터리가 있는데 그 근처에 춘천 닭갈비 골목이 있어."

## 사회 5

**中人**
가운데 중  사람 인

**중인**

**뜻** (양반과 상민의) 가운데 사람

조선 시대에는 태어날 때부터 신분이 정해져 있어 크게 양인과 천인으로 나뉘었다. 양인은 양반, 中人, 상민으로 구분되있다.

 **핵심 어휘 완성하기!**

*정답 : 247쪽

(1) 춘천 닭갈비 골목은 중앙(　　央)로터리의 아래쪽에 있어.

(2) 양인은 양반, 중인(　　人), 상민으로 구분되었다.

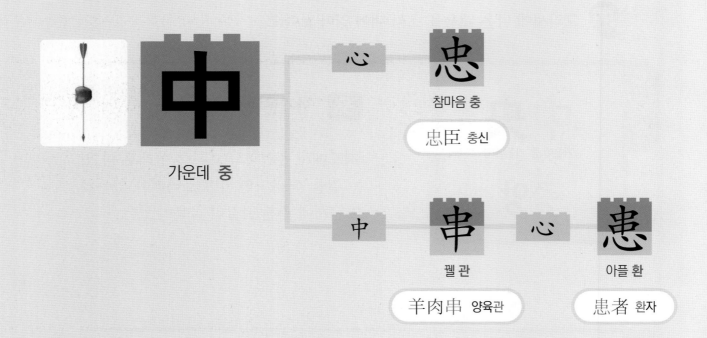

中 가운데 중

心 → 忠 참마음 충
忠臣 충신

中 → 串 꿸 관 → 心 → 患 아플 환
羊肉串 양육관    患者 환자

* 心 마음 심, 臣 신하 신, 羊 양 양, 者 사람 자

## 참마음 충 `4급`

中가운데 중 아래에 心마음 심을 쓰면 忠참마음 충이 됩니다. '마음의 가운데'라는 뜻으로 '忠誠충성, 忠告충고' 등의 단어에 쓰입니다.

忠臣 | 뜻 | 참마음을 지닌 신하
충 신 | 예 | 삼강행실도에는 忠臣과 효자의 이야기가 담겨 있다.

참마음 충

## 꿸 관  1급

中가운데 중을 두 개 겹쳐 쓰면, 뾰족한 것으로 물건들을 꿰뚫은 모양의 글자 串꿸 관이 됩니다. 꼬치구이 좋아하나요? 양꼬치를 羊串양관이라고 합니다.

 串 따라 쓰기

**羊肉串**  뜻  양고기를 꿰어서 구워 먹는 가게

양 육 관  예  사거리에 있는 그 羊肉串에서 이따 저녁에 만나자.

꿸 관

## 아플 환  5급

串꿸 관에 心마음 심을 쓰면 患아플 환이 됩니다. 심장이 뾰족한 것에 찔려 아픈 것을 보여주는 글자입니다. 患者환자, 病患병환 등의 단어에 들어갑니다.

 患 따라 쓰기

**患者**  뜻  아픈 사람

환 자  예  患者들이 있는 병원에서는 위생이 매우 중요한 문제이다.

아플 환

# 문제 풀기

**1** 네모칸에 알맞은 글자를 넣어 보아요.

| 中 | 中 | 中 | 串 |
|---|---|---|---|
| 가운데 중 | 참마음 충 | 꿸 관 | 아플 환 |

**2** 한자의 음과 뜻을 알맞게 이어 보아요.

(1) 中 · · 관 · · 아프다

(2) 忠 · · 중 · · 가운데

(3) 串 · · 충 · · 참마음

(4) 患 · · 환 · · 꿰다

**3** 빈칸에 알맞은 한자를 써 보아요.

(1) 경회루는 커다란 연못 중앙( ☐ 央)에 섬을 만들고 그 위에 지은 누각이다.

(2) 삼강행실도에는 충신( ☐ 臣)과 효자의 이야기가 담겨 있다.

(3) 사거리에 있는 그 양육관(羊肉 ☐ )에서 이따 저녁에 만나자.

(4) 감염에 민감한 환자( ☐ 者)들이 있는 병원에서는 위생이 매우 중요한 문제이다.

**4** 내용을 소리 내어 읽고 한자를 한글로 써 보세요.

춘천 닭갈비 골목은
어디에 표시하지?

지도에서 춘천역의 오른쪽
아래로 나 있는 길을 따라가면
中央 로터리가 있는데
그 근처에 있어.

*사회 3 _____

**5** 열쇠의 뜻 풀이를 이용하여 가로 세로 단어 퍼즐을 완성해 보세요.

[가로열쇠 ①] (양반과 상민의) 가운데 사람

[세로열쇠 ①] 한가운데

**6** QR코드를 찍어 영상을 본 후, 문제를 풀어 보아요.

뽀족하닷!

아파~

(1) 음: _____  뜻: _____

관련단어: _____

心

7급

## 마음 심

### 心 알아 보기

옛한자

心마음 심은 심장을 글자로 표현한 것입니다. 옛 글자를 보면 심장의 모습이 그대로 그려져 있습니다. 이후 점 네 개로 간략히 글자로 만들었습니다.

### 心 따라 쓰기

4획  心 心 心

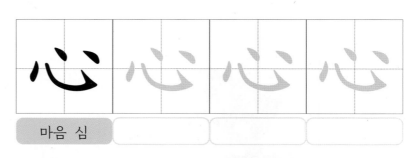

마음 심

↖ 찍으면 획순 영상이 나옵니다.

교과서에 나온 내용을 소리 내어 읽어 보아요.

**국어 5**

**安心**
편안할 안  마음 심

**안심**

뜻 **편안한 마음**

오래전 탄광에서 일하던 광부들은 카나리아를 이용해 몸에 해로운 유독 가스를 측정했습니다. 카나리아가 노래를 부르는 동안 광부들은 安心하고 일을 할 수 있었습니다.

**사회 5**

**良心**
좋을 양  마음 심

**양심**

뜻 **좋은 마음**

도덕은 사회의 구성원들이 良心 등에 비추어 스스로 마땅히 지켜야 할 모든 규범을 말한다.

 **핵심 어휘 완성하기!**

*정답 : 247쪽

(1) 광부들은 카나리아가 노래를 부르는 동안에는 안심(安 ☐ )하고 일을 할 수 있었습니다.

(2) 도덕은 양심(良 ☐ ) 등에 비추어 스스로 마땅히 지켜야 할 모든 규범을 말한다.

# 블록 한자

心 마음 심

ノ → 必 반드시 필 → 生必品 생필품

士 → 志 뜻 지 → 同志 동지

靑 → 情 마음씨 정 → 多情 다정

*靑 푸를 청, 生 날 생, 品 물건 품, 同 같을 동

---

## 반드시 필  5급

心마음 심에 한 획을 더해 ノ삐칠 별을 그으면 必반드시 필이 됩니다. 심장을 찌르는 모양인데요, 무언가를 마음에 깊이 새기는 것을 표현한 것입니다.

 必 따라 쓰기

**生必品** 뜻 살아가는 데 꼭 필요한 물품

생 필 품 예 일반 生必品들도 두 배 이상이나 뛰어오른 것이었다.

반드시 필

200

# 志

## 뜻 지　4급

心마음 심은 마음의 작용을 뜻하는 많은 글자들에 들어갑니다. 士선비 사와 함께 쓰이면 志뜻 지가 되어 선비의 굳건한 뜻을 표현합니다. 이 글자는 志士지사, 同志동지 등의 단어를 만듭니다.

 志 따라 쓰기

### 同志　뜻　같은 뜻(을 지닌 사람)

동 지　예　자네의 同志가 몇 명이나 되는가?

志　志

뜻 지

# 情

## 마음씨 정　5급

心마음 심은 다른 글자와 함께 쓰일 때 모양이 바뀌어 忄으로도 쓰입니다. 여기에 靑푸를 청이 붙으면 情마음씨 정이 됩니다. 따뜻한 마음으로 나누어 먹던 과자, 무엇인지 다 아시죠?

 情 따라 쓰기

### 多情　뜻　많은 정

다 정　예　제하의 말투가 너무 多情해 귀가 간질거렸다.

情　情

마음씨 정

## 1 네모칸에 알맞은 글자를 넣어 보아요.

| 心 | 必 | 忈 | 忄 |
|---|---|---|---|
| 마음 심 | 반드시 필 | 뜻 지 | 마음씨 정 |

## 2 한자의 음과 뜻을 알맞게 이어 보아요.

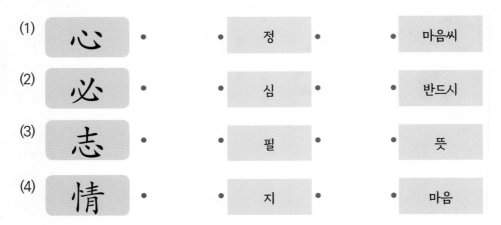

(1) 心 · · 정 · · 마음씨

(2) 必 · · 심 · · 반드시

(3) 志 · · 필 · · 뜻

(4) 情 · · 지 · · 마음

## 3 빈칸에 알맞은 한자를 써 보아요.

(1) 법은 우리의 권리를 보호해 주면서 사람들이 안심(安 ☐ )하고 살 수 있도록 도와준다.

(2) 쌀값은 이미 세 배나 올랐고, 일반 생필품(生 ☐ 品)들도 두 배 이상이나 뛰어오른 것이었다.

(3) 동지(同 ☐ ) 가운데 변절한 사람이 몇 있었다.

(4) 제하의 말투가 너무 다정(多 ☐ )해 귀가 간질거렸다.

**4** 내용을 소리 내어 읽고 한자를 한글로 써 보세요.

불법 다운로드,
우리의 良心도 사라집니다.

*국어 5 _____

**5** 열쇠의 뜻 풀이를 이용하여 가로 세로 단어 퍼즐을 완성해 보세요.

[가로열쇠 ①] 편안한 마음

[세로열쇠 ②] 좋은 마음

**6** QR코드를 찍어 영상을 본 후, 문제를 풀어 보아요.

심장 팩폭

반드시 새기자!

(1) 음: _____ 뜻: _____

관련단어: _____

# 만화로 배우는
## 한자성어

> **충언역이**
> (忠言逆耳)
>
> 충성스런 말은 귀에 거슬림. [말씀 言, 거스를 逆, 귀 耳]

# 블록한자

* 아래 QR을 찍으면 동영상이 나옵니다. 동영상을 따라서 한눈에 정리해보아요.

中

中
가운데 중

忠 참마음 충

串 꿸 관

患 아플 환

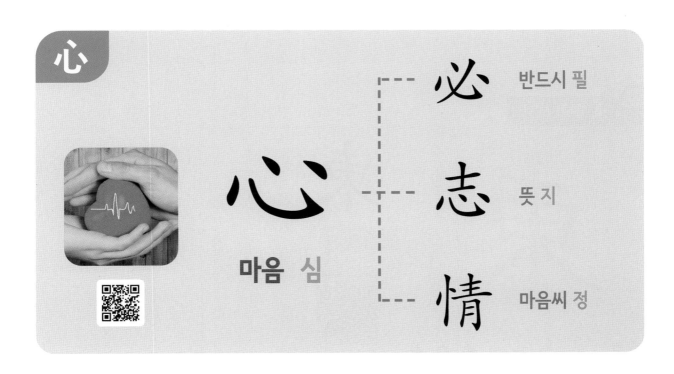

心

心
마음 심

必 반드시 필

志 뜻 지

情 마음씨 정

東

8급

## 동쪽 동

### 東 알아보기

옛한자

東동쪽 동은 木나무 목에 걸린 日해 일을 표현한 글자입니다. 글자를 보면 해가 나무 가운데 걸려 있습니다. 해가 뜨는 방향이란 데서 '동쪽'을 뜻합니다.

### 東 따라 쓰기

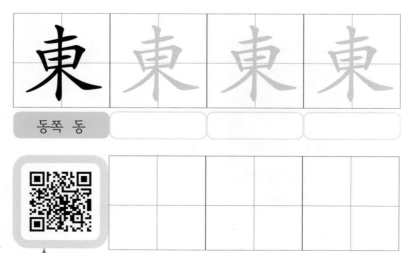

동쪽 동

8획　一 厂 冂 币 戶 車 東 東

⤴찍으면 획순 영상이 나옵니다.

# 교과서 핵심 어휘

 교과서에 나온 내용을 소리 내어 읽어 보아요.

**사회 5**

東學
동쪽 동 배울 학

**동학**

**뜻** 동쪽의 학문

갑신정변 이후에도 일부 양반과 지방 관리의 횡포는 여전히 심했다. 東學농민 운동의 지도자 전봉준은 고부 군수의 횡포를 막기 위해 뜻을 같이하는 사람들을 모아 군사를 일으켰다.

**국어 5**

東洋
동쪽 동 바다 양

**동양**

**뜻** 동쪽 바다쪽의 나라들, 아시아

중국 상하이에는 높이가 468미터인 동방명주 탑이 있습니다. 이 탑은 높은 기둥을 중심 축으로 하여 구슬 세 개를 꿰어 놓은 것 같은 독특한 외형 때문에 '東洋의 진주'라고 불립니다.

 **핵심 어휘 완성하기!**

*정답 : 247쪽

(1) 전봉준과 동학(　　　學)농민군은 고부에서 시작해 전라도 일대로 세력을 넓혔다.

(2) 상하이의 동방명주 탑은 독특한 외형 때문에 '동양(　　　洋)의 진주'라고 불립니다.

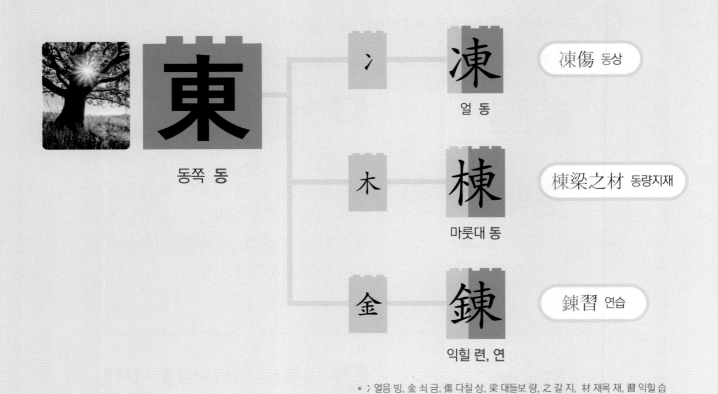

東 동쪽 동

氵 凍 얼 동 — 凍傷 동상

木 棟 마룻대 동 — 棟梁之材 동량지재

金 鍊 익힐 련, 연 — 鍊習 연습

\* 氵 얼음 빙, 金 쇠 금, 傷 다칠 상, 梁 대들보 량, 之 갈 지, 材 재목 재, 習 익힐 습

凍 **얼 동** 3급

東동쪽 동에 氵얼음 빙을 함께 쓰면 凍얼 동이 됩니다. 凍傷동상, 凍死동사 등의 단어에 쓰입니다.

 凍 따라 쓰기

凍傷 뜻 얼어서 생긴 상처
동 상 예 이 추위에 산길을 가다가는 凍傷에 걸릴지도 몰라.

얼 동

## 마룻대 동 `2급`

東동쪽 동에 木나무 목을 붙이면 棟마룻대 동이 됩니다. 마룻대는 집을 지을 때 지붕의 가운데를 가로질러 걸치는 중요한 나무입니다. 주로 나무가 동쪽 방향으로 걸쳐지므로 그 방향을 표현하기 위해 東을, 재료를 표현하기 위해 木을 붙였습니다.

棟 따라 쓰기

### 棟梁之材 `뜻` 마룻대와 대들보로 쓸만한 재목. 좋은 인재.

동 량 지 재 `예` 열심히 공부하여 나라의 棟梁之材가 되거라.

마룻대 동

## 익힐 련, 연 `3급`

東동쪽 동에 金쇠 금을 붙이면 鍊익힐 련, 연이 됩니다. 원래는 鍊으로 쓰는 것이지만 柬고를 간 대신 간단하게 생긴 東을 넣어 쓰기도 합니다. 쇠를 익히듯 녹여 단련하는 것이기 때문에 金을 함께 썼습니다. 訓鍊=訓練훈련, 鍊習=練習연습 등의 단어에 들어갑니다.

鍊 따라 쓰기

### 鍊習 `뜻` 익히고 익힘

연 습 `예` 한달 동안이나 저녁마다 줄넘기 鍊習을 열심히 하였다.

익힐 련, 연

# 문제 풀기

**1** 네모칸에 알맞은 글자를 넣어 보아요.

| 東<br>동쪽 동 | ☐東<br>얼 동 | ☐東<br>마룻대 동 | ☐東<br>익힐 련, 연 |
| --- | --- | --- | --- |

**2** 한자의 음과 뜻을 알맞게 이어 보아요.

(1) 東 · · 동 · · 익히다

(2) 凍 · · 련, 연 · · 얼다

(3) 棟 · · 동 · · 동쪽

(4) 鍊 · · 동 · · 마룻대

**3** 빈칸에 알맞은 한자를 써 보아요.

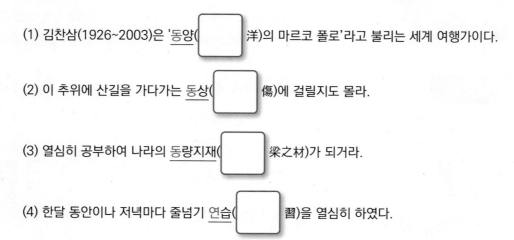

(1) 김찬삼(1926~2003)은 '동양(☐洋)의 마르코 폴로'라고 불리는 세계 여행가이다.

(2) 이 추위에 산길을 가다가는 동상(☐傷)에 걸릴지도 몰라.

(3) 열심히 공부하여 나라의 동량지재(☐梁之材)가 되거라.

(4) 한달 동안이나 저녁마다 줄넘기 연습(☐習)을 열심히 하였다.

210

**4** 내용을 소리 내어 읽고 한자를 한글로 써 보세요.

> 겨울에 북쪽에서 불어오는 바람은 매우 차고 건조하며 동파나 凍傷의 피해를 주기도 한다. 외출 시 보온에 유의해야 하며 특히 머리 부분의 보온에 신경 써야 한다.

*사회 5

**5** 열쇠의 뜻 풀이를 이용하여 가로 세로 단어 퍼즐을 완성해 보세요.

[가로열쇠 ①] 동쪽의 학문

[세로열쇠 ①] 동쪽 바다쪽의 나라들, 아시아

**6** QR코드를 찍어 영상을 본 후, 문제를 풀어 보아요.

(1) 음: ＿＿＿＿＿＿  뜻: ＿＿＿＿＿＿＿

관련단어: ＿＿＿＿＿＿＿＿＿＿＿＿＿＿＿＿

西
8급

**서쪽 서**

### 西 알아 보기

옛
한
자

西서쪽 서는 새 둥지를 본뜬 글자입니다. 옛 글자를 보면 새 둥지 또는 광주리의 모습을 닮아 있습니다. 해가 서쪽으로 지면 새는 자기들의 둥지로 날아들기 때문에 새 둥지로 서쪽을 의미하게 되었습니다.

### 西 따라 쓰기

6획

| | | | |
|---|---|---|---|
| 西 | 西 | 西 | 西 |

서쪽 서

↑ 찍으면 획순 영상이 나옵니다.

# 교과서 핵심 어휘

 교과서에 나온 내용을 소리 내어 읽어 보아요.

**국어 5**

**西洋**
서쪽 서  바다 양

**서양**

**뜻** **서쪽 바다쪽의 나라들, 유럽과 아메리카**

법관은 검은색 옷을 입는다. 예전 西洋에서는 신분에 따라 입을 수 있는 옷 색깔이 정해져 있었지만, 검은색 옷은 누구나 입을 수 있었다. 법관의 검은색 옷은 법 앞에서 모든 사람이 평등하다는 뜻을 나타낸다.

**교과서 밖**

**東問西答**
동쪽 동  물을 문  서쪽 서  답할 답

**동문서답**

**뜻** **동쪽을 물으니 서쪽을 답함**

東問西答은 "동쪽을 물으니 서쪽을 답한다"는 뜻의 단어이다. 질문의 핵심을 알지 못하고 엉뚱한 대답을 할 때 "동문서답 하네"라고 표현할 수 있다.

 **핵심 어휘 완성하기!**

*정답 : 247쪽

(1) 예전 서양(　　洋)에서는 검은색 옷은 누구나 입을 수 있었다.

(2) 집이 어디냐는 질문에 그는 하늘이 참 푸르다고 동문서답(東問　　答)을 하였다.

# 블록 한자

西
서쪽 서

女 → 要
필요할 요
重要 중요

示 → 票
쪽지 표
投票 투표

木 → 栗
밤 률, 율
栗谷 율곡

*示 보일 시, 重 무거울 중, 投 던질 투, 谷 골짜기 곡

## 필요할 요  5급

西서쪽 서는 다른 글자와 쓰이면 覀와 같이 네모반듯하게 쓰입니다. 이 아래에 女여자녀를 붙이면 要필요할 요가 됩니다. 둥지 같은 광주리를 여인이 인 모습인데, 생활에서 꼭 필요한 일을 하는 여인의 모습을 표현하고 있습니다.

重要  뜻 무겁게 필요함

중 요  예 가정은 그 가족 구성원들에게 重要한 보금자리입니다.

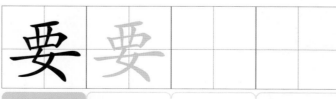

| 要 | 要 | | | |
|---|---|---|---|---|
| | | | | |

필요할 요

214

## 쪽지 표　4급

票서쪽 서 아래에 示보일 시를 쓰면 票쪽지 표가 됩니다. 원래는 둥지처럼 '가볍다'는 뜻인데, 나중에 가벼운 '쪽지'를 뜻하는 글자가 되었습니다.

 票 따라 쓰기

投票　뜻　표를 던짐

투 표　예　열심히 일할 친구를 投票로 뽑아주세요.

쪽지 표

## 밤 률, 율　3급

票서쪽 서 아래에 木나무 목을 쓰면 栗밤 률, 율이 됩니다. 밤송이를 본 적이 있나요? 새 둥지와 닮아 있죠? 그래서 새 둥지를 닮은 票를 넣어 밤송이를 나타내었습니다.

 栗 따라 쓰기

栗谷　뜻　밤나무 골짜기. 이이(1536~1584)의 호.

율 곡　예　栗谷 이이와 퇴계 이황은 조선을 대표하는 유학자이다.

밤 률, 율

# 문제 풀기

**1** 네모칸에 알맞은 글자를 넣어 보아요.

| 西<br>서쪽 서 | 西<br>필요할 요 | 西<br>쪽지 표 | 西<br>밤 률, 율 |

**2** 한자의 음과 뜻을 알맞게 이어 보아요.

(1) 西 · · 서 · · 쪽지

(2) 要 · · 표 · · 밤

(3) 票 · · 요 · · 필요하다

(4) 栗 · · 률, 율 · · 서쪽

**3** 빈칸에 알맞은 한자를 써 보아요.

(1) 조선 후기에 우리나라 바닷가에는 서양( 洋)의 배가 나타나기 시작했다.

(2) 가정은 그 가족 구성원들에게 중요(重 )한 보금자리입니다.

(3) 열심히 일할 친구를 투표(投 )로 뽑아주세요.

(4) 율곡( 谷)과 퇴계는 조선을 대표하는 유학자이다.

216

**4** 내용을 소리 내어 읽고 한자를 한글로 써 보세요.

오스트레일리아 정부는 投票율을 높이려고 1925년부터 의무 投票제를 시행하고 있다. 投票권이 있는 국민은 누구나 의무적으로 投票해야 하며 사유 없이 投票하지 않으면 벌금을 내야 하는 것은 물론 구속될 수도 있다.

*사회 6

**5** 열쇠의 뜻 풀이를 이용하여 가로 세로 단어 퍼즐을 완성해 보세요.

[가로열쇠 ①] 동쪽을 물으니 서쪽을 답함

[세로열쇠 ①] 서쪽 바다쪽의 나라들, 유럽과 아메리카

**6** QR코드를 찍어 영상을 본 후, 문제를 풀어 보아요.

출구는 서쪽으로

저쪽

(1) 음: _____ 뜻: _____

관련단어: _____

# 만화로 배우는
# 한자성어

동쪽 집에서 밥을 먹고 서쪽 집에서 잠을 잠, 일정한 거처가 없이 떠돌아다니며 지냄을 이르는 말. [집 家, 먹을 食, 잠잘 宿]

# 동영상으로 익히는
## ▶ 블록한자

\* 아래 QR을 찍으면 동영상이 나옵니다. 동영상을 따라서 한눈에 정리해보아요.

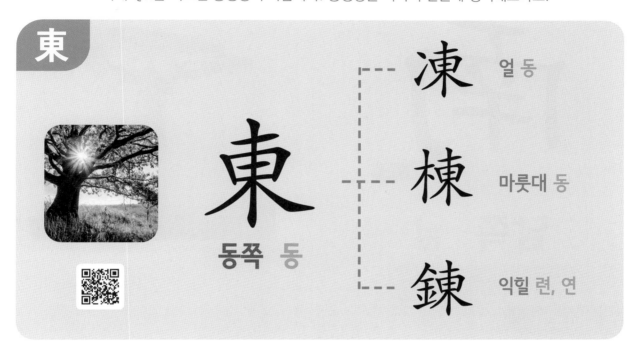

**東**

東 동쪽 동

凍 얼 동
棟 마룻대 동
鍊 익힐 련, 연

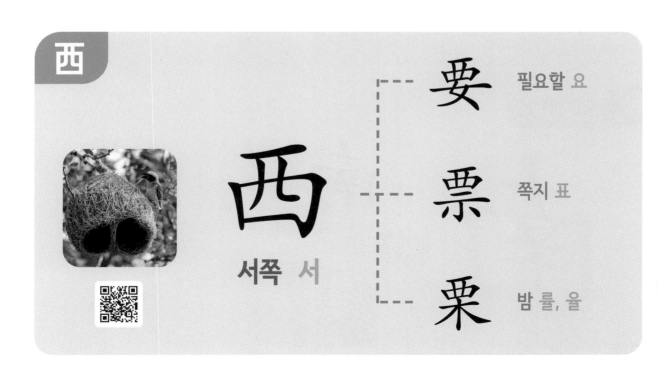

**西**

西 서쪽 서

要 필요할 요
票 쪽지 표
栗 밤 률, 율

8급

남쪽 남

## 南 알아 보기

옛한자 🔆 南남쪽 남은 무성한 나뭇가지를 본뜬 글자입니다. 햇볕을 많이 받아 가지가 무성해진 쪽은 남쪽이므로, 그 방향을 뜻하게 되었습니다.

 南 따라 쓰기

9획 一 十 十 内 内 内 南 南 南

南　南　南　南

남쪽 남

↳찍으면 획순 영상이 나옵니다.

220

교과서에 나온 내용을 소리 내어 읽어 보아요.

**과학3**

南北
남쪽 남  북쪽 북

남북

뜻 남쪽과 북쪽

N극과 S극이 표시되어 있는 막대자석을 물에 띄우거나 공중에 매달아서 北쪽과 南쪽을 찾을 수 있습니다.

**과학6**

南海
남쪽 남  바다 해

남해

뜻 남쪽 바다

임진왜란이 일어나자 조선 수군은 여수에서 출발해 거제, 옥포만에서 일본 수군과 싸워 첫 승리를 거두었다. 이후 이어지는 전투에서 계속 승리하여 조선 수군은 南海를 지킬 수 있었다.

 **핵심 어휘 완성하기!**

*정답 : 247쪽

(1) 나침반 바늘은 항상 북쪽과 남(　　　)쪽을 가리킵니다.

(2) 임진왜란 때 조선 수군은 남해(　　　海)를 지켜내었다.

# 블록 한자

* 南은 많이 쓰이는 파생자가 없으므로 유사한 幸의 파생자를 배워보아요.

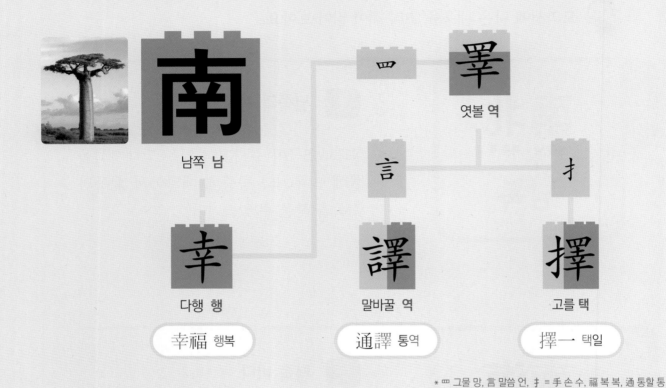

| | | |
|---|---|---|
| 南 남쪽 남 | 罒 | 睪 엿볼 역 |
| 幸 다행 행 | 言 | 扌 |
| 幸福 행복 | 譯 말바꿀 역 | 擇 고를 택 |
| | 通譯 통역 | 擇一 택일 |

* 罒 그물 망, 言 말씀 언, 扌 = 手 손 수, 福 복 복, 通 통할 통

## 다행 행   6급

南남쪽 남은 많이 쓰이는 파생자가 없으므로 닮은 글자를 배우겠습니다. 南과 가장 닮은 글자는 幸다행 행입니다. 幸은 옛 죄수들이 차던 수갑을 본뜬 것으로 수갑처럼 아래위가 土, 干자 형태로 정확히 대칭되는 모습입니다. 죄수를 잡아 수갑을 채워서 다행이라는 뜻일까요?

幸福   뜻   행운과 복

행 복   예   나무는 주인공에게 무엇을 해줄 때·무척이나 幸福해 합니다.

| 幸 | 幸 | | | |
|---|---|---|---|---|
| 다행 행 | | | | |

222

## 말바꿀 역 `3급`

 행에 그물을 뜻하는  그물 망을 씌우면 睪엿볼 역이 됩니다. 그물에 씌워지고 수갑이 채워진 상황에서 도망갈 틈을 엿본다는 의미입니다. 睪에 言말씀 언을 붙인 譯 말바꿀 역은 언어를 다른 언어로 바꾸어 통역한다는 뜻입니다.

 譯 따라 쓰기

### 通譯
통 역

**뜻** 통하게 번역함

**예** 그는 뛰어난 영어 실력 덕분에 이번 해외 출장에서 通譯을 맡았다.

말바꿀 역

## 고를 택 `4급`

睪엿볼 역에 扌=手손 수를 붙이면 골라낸다는 뜻의 擇고를 택이 됩니다. 도망갈 틈을 엿보고 있는 죄수를 손가락으로 골라내는 모습을 표현하였습니다. 選擇선택, 擇一택일과 같은 단어에 쓰입니다.

 擇 따라 쓰기

### 擇一
택 일

**뜻** 하나를 고름

**예** 너는 싸우든지 피하든지 둘 중에 擇一을 해야 한다.

고를 택

# 문제 풀기

**1** 네모칸에 알맞은 글자를 넣어 보아요.

幸
다행 행

☐ 幸
엿볼 역

☐ 罪
말바꿀 역

☐ 罪
고를 택

**2** 한자의 음과 뜻을 알맞게 이어 보아요.

(1) 南 · · 행 · · 남쪽

(2) 幸 · · 역 · · 말바꾸다

(3) 譯 · · 택 · · 다행

(4) 擇 · · 남 · · 고르다

**3** 빈칸에 알맞은 한자를 써 보아요.

(1) 우리나라는 <u>남북</u>(☐ 北)분단으로 전쟁에 대한 공포, 이산가족의 아픔 등을 겪고 있다.

(2) 나무는 주인공에게 무엇을 해줄 때 무척이나 <u>행복</u>(☐ 福)해 합니다.

(3) 그는 뛰어난 영어 실력 덕분에 이번 해외 출장에서 <u>통역</u>(通 ☐ )을 맡았다.

(4) 너는 싸우든지 피하든지 둘 중에 <u>택일</u>(☐ 一)을 해야 한다.

**4** 내용을 소리 내어 읽고 한자를 한글로 써 보세요.

"장애는 불편하다. 하지만 不幸하지는 않다."라는 말을 남긴 헬렌 켈러는 장애에 대한 편견을 없애는 데 큰 역할을 했다.

*국어 4

-------------------------------------

**5** 열쇠의 뜻 풀이를 이용하여 가로 세로 단어 퍼즐을 완성해 보세요.

[가로열쇠 ①] 남쪽 바다

[세로열쇠 ①] 남쪽과 북쪽

**6** QR코드를 찍어 영상을 본 후, 문제를 풀어 보아요.

야아앙~

남쪽으로 쭉쭉~

(1) 음: _____ 뜻: _____

관련단어: _____

8급

## 북쪽 북

### 北 알아 보기

옛 한 자

北북쪽 북은 두 사람이 등을 지고 있는 모양을 그린 글자입니다. '등지는 행동'에서 '뒤쪽', '도망치다'라는 뜻이 나왔고, '북쪽'을 뜻하게도 되었습니다. 북쪽을 등지고 남쪽을 향해 집을 짓고 살았기 때문입니다.

###  北 따라 쓰기

5획  丨 丬 北

| 北 | 北 | 北 | 北 |
|---|---|---|---|
| 북쪽 북 | | | |

↳ 찍으면 획순 영상이 나옵니다.

교과서에 나온 내용을 소리 내어 읽어 보아요.

**과학 5**

北斗七星
북쪽 북  국자 두  일곱 칠  별 성

**북두칠성**

**뜻** 북쪽에 있는 국자 모양의 7개 별

옛날 사람들은 밤하늘에 무리 지어 있는 별을 연결해 사람이나 동물 등의 모습으로 떠올리고 이름을 붙였습니다. 북쪽 밤하늘의 밝은 별을 연결해 北斗七星, 작은 곰자리라는 이름을 붙였습니다.

**사회 6**

北半球
북쪽 북  반 반  공 구

**북반구**

**뜻** 북쪽의 반쪽 지구

세계 여러 대륙 중에서 어떤 대륙이 가장 큰가요? 北半球와 남반구에는 각각 어떤 대륙이 있나요? 우리나라와 가까이 있는 대양은 무엇인가요?

 **핵심 어휘 완성하기!**

*정답 : 247쪽

(1) 옛날 사람들은 밤하늘의 밝은 별을 연결해 북두칠성(☐斗七星)이라는 이름을 붙였습니다.

(2) 북반구(☐半球)와 남반구에는 각각 어떤 대륙이 있나요?

北

북쪽 북

月 背

등 배

背信 배신

禾 乘

탈 승

乘車 승차

乖

어그러질 괴

乖離 괴리

*信 믿을 신, 離 떨어질 리

背

## 등 배 [4급]

北북쪽 북의 밑에 月=肉고기 육을 쓰면 背등 배가 됩니다. 신체의 일부인 등을 뜻하는데 의미 범위가 넓어져 '등지다'란 동사적 의미로도 쓰입니다. '背信배신하다'는 '믿음을 등지다'란 뜻입니다.

背 따라 쓰기

背信

배 신

뜻 믿음을 등짐

예 "너마저 날 背信하다니."

背 背

등 배

## 탈 승 [3급]

北북쪽 북이 마치 나무를 타는 듯한 모양을 한 글자도 있습니다. 乘탈 승이 그것입니다. 잎사귀가 달린 나무를 두 사람이 기어오르는 듯한 모습인데 의미 또한 '타다, 오르다'란 뜻입니다.

### 乘車

승 차

**뜻** 차를 탐

**예** 손님들이 모두 乘車하자 버스가 출발했다.

탈 승

## 어그러질 괴 [1급]

乘탈 승에서 두 사람이 딛고 있는 버팀목을 떼어 버린 글자가 乖어그러질 괴입니다. 乖離 괴리 등의 단어에 쓰이는데 의미는 '두 물체의 사이가 어그러져 떨어져 있다'입니다.

### 乖離

괴 리

**뜻** 어그러지고 떨어짐

**예** 이상과 현실 사이에는 언제나 乖離가 있기 마련이다.

어그러질 괴

# 문제 풀기

**1** 네모칸에 알맞은 글자를 넣어 보아요.

北
북쪽 북

등 배

탈 승

어그러질 괴

**2** 한자의 음과 뜻을 알맞게 이어 보아요.

(1) 北 • • 괴 • • 북쪽

(2) 背 • • 배 • • 타다

(3) 乘 • • 승 • • 어그러지다

(4) 乖 • • 북 • • 등

**3** 빈칸에 알맞은 한자를 써 보아요.

(1) 북반구(     半球)와 남반구에는 각각 어떤 대륙이 있나요?

(2) "너마저 날 배신(     信)하다니."

(3) 손님들이 모두 승차(     車)하자 버스가 출발했다.

(4) 이상과 현실 사이에는 언제나 괴리(     離)가 있기 마련이다.

**4** 내용을 소리 내어 읽고 한자를 한글로 써 보세요.

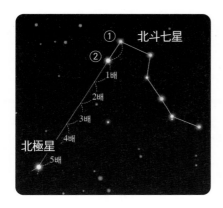

北斗七星을 이용해 북극성을 찾습니다.
1. 北斗七星의 국자 모양 끝부분에서 ①과 ②를 찾습니다.
2. ①과 ②를 연결하고, 그 거리의 다섯 배만큼 떨어진 곳에 있는 별을 찾습니다.

*과학 5

......................................................................

**5** 열쇠의 뜻 풀이를 이용하여 가로 세로 단어 퍼즐을 완성해 보세요.

[가로열쇠 ①] 북쪽에 있는 국자 모양의 7개 별

[세로열쇠 ①] 북쪽의 반쪽 지구

**6** QR코드를 찍어 영상을 본 후, 문제를 풀어 보아요.

(1) 음: ..................... 뜻: .........................

관련단어: ........................................................

# 만화로 배우는
# 한자성어

> ## 남행북주
> ### (南行北走)

남쪽으로 가고 북쪽으로 달림. 이리저리 분주함. [갈 行, 달릴 走]

다른 말로
**東奔西走** 동분서주
(동쪽으로 분주하게 뛰고
서쪽으로 뛰어감)
라고도 해!

\* 아래 QR을 찍으면 동영상이 나옵니다. 동영상을 따라서 한눈에 정리해보아요.

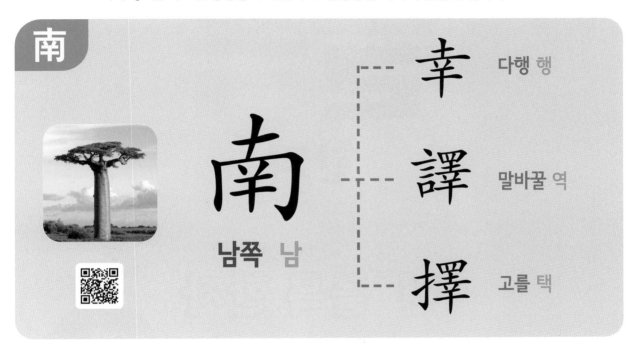

**南**
남쪽 남

幸 다행 행

譯 말바꿀 역

擇 고를 택

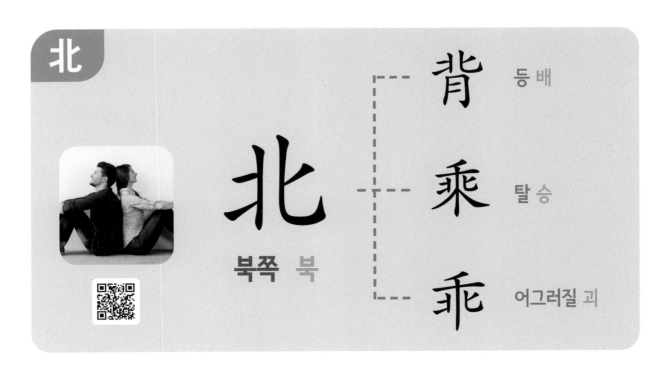

**北**
북쪽 북

背 등 배

乘 탈 승

乖 어그러질 괴

반디랑

# 블록

한자

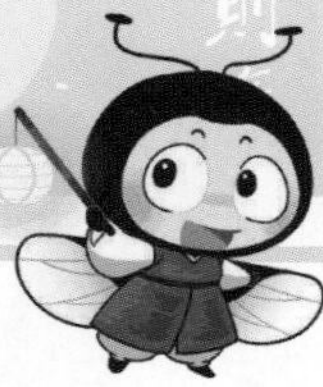

## 더⁺블록 한자

## 1

# 日
## 날 일

| 十<br>시계모양 | 早<br>일찍 조 | 日 밑에 시계 모양 十을 그려 해가<br>뜨는 이른 시간을 표현함<br>━━━━━<br>早期　　조 기<br>*期 기간 기 |

| ++<br>풀 초 | 草<br>풀 초 | 早 위에 풀 ++를 그려 햇살을 받고<br>자라는 풀을 나타냄<br>━━━━━<br>草食　　초 식 |

| ⼘<br>점 복 | 卓<br>높을 탁 | 早 위에 ⼘을 그려 해처럼 높은<br>곳을 나타냄<br>━━━━━<br>卓子　　탁 자 |

# 白
## 흰 백

| 一<br>한 일 | 百<br>일백 백 | 白 위에 一을 더한 모양임<br>━━━━━<br>百發百中 백 발 백 중<br>*發 쏠 발 |

| 氵<br>물 수 | 泊<br>잠잘 박 | 白 앞에 氵를 붙여 배를 타고 다니는<br>여행을 표현함<br>━━━━━<br>一泊二日 일 박 이 일 |

| 扌<br>손 수 | 拍<br>칠 박 | 白 앞에 扌을 붙여 맨손으로 치는<br>뜻을 표현함<br>━━━━━<br>拍手　　박 수 |

# 明
## 밝을 명

| 十<br>빛 모양 | 朝<br>아침 조 | 明에 햇살 모양 十을 아래 위로<br>그려 아침 햇살을 나타냄<br>━━━━━<br>朝三暮四 조 삼 모 사<br>*暮 저녁 모 |

| 氵<br>물 수 | 潮<br>밀물 조 | 朝 앞에 氵를 붙여 아침에 밀려오는<br>밀물을 나타냄<br>━━━━━<br>潮力　　조 력<br>*力 힘 력 |

| 口<br>입 구 | 嘲<br>조롱할 조 | 朝 앞에 口를 그려 조롱하는 입을<br>나타냄<br>━━━━━<br>自嘲　　자 조<br>*自 스스로 자 |

# 士
## 선비 사

| 亻<br>사람 인 | 仕<br>섬길 사 | 士 앞에 亻을 붙여 임금을 섬기는<br>선비을 나타냄<br>━━━━━<br>奉仕　　봉 사<br>*奉 받들 봉 |

| 丿<br>삐칠 별 | 壬<br>천간 임 | 士 위에 丿을 덧붙임<br>━━━━━<br>壬辰倭亂 임 진 왜 란<br>*倭 일본 왜, 亂 어지러울 란 |

| 亻<br>사람 인 | 任<br>맡길 임 | 壬에 亻을 붙여 사람이 일을 맡음을<br>나타냄<br>━━━━━<br>任命　　임 명<br>*命 명령할, 지위 명 |

## 木 나무 목

| | | |
|---|---|---|
| 木<br>나무 목 | 林<br>수풀 림 | 木에 나무를 하나 더 그려 나무가<br>많은 곳을 나타냄<br>林野　임 야<br>*野 들 야 |
| 林<br>수풀 림 | 森<br>빽빽할 삼 | 木을 세 그루 그려 나무가 더 많은<br>곳을 나타냄<br>森林　삼 림 |
| 卜<br>점칠 복 | 朴<br>순박할, 성씨 박 | 木에 卜을 그려 점을 치는 순박한<br>나무를 표현함<br>朴세리　박 세 리 |

## 未 아닐 미

| | | |
|---|---|---|
| 口<br>입 구 | 味<br>맛 미 | 未 앞에 口를 그려 맛보는 모습을<br>표현함<br>味元　미 원<br>*元 으뜸 원 |
| 日<br>날 일 | 昧<br>어두울 매 | 未 앞에 日을 그려 해가 뜨는 모습<br>을 표현함. 아직 해가 뜨지 않음<br>愚昧　우 매 |
| 女<br>여자 녀 | 妹<br>여동생 매 | 未 앞에 女를 그려 여동생을 표현<br>함. 아직 다 자라지 않은 동생<br>男妹　남 매 |

## 兄 형 형

| | | |
|---|---|---|
| 氵<br>물 수 | 況<br>상황 황 | 氵를 兄 앞에 결합한 모양<br>好況　호 황 |
| 月<br>고기 육 | 脫<br>벗을 탈 | 月을 兌기쁠 열에 붙여 뱀이 껍질을<br>벗는 모습을 나타냄<br>脫出　탈 출<br>*出 날 출 |
| 門<br>문 문 | 閱<br>볼 열 | 門 속에 兌기쁠 열을 넣어 문틈으로<br>엿보는 뜻을 나타냄<br>檢閱　검 열<br>*檢 검사할 검 |

## 大 큰 대

| | | |
|---|---|---|
| 一<br>한 일 | 天<br>하늘 천 | 大 위에 一을 그려 제일 큰 하늘을<br>표현함<br>天下第一　천 하 제 일 |
| ㅣ<br>뚫을 곤 | 夫<br>지아비 부 | 天을 뚫고 올라가는 모습을 표현함<br>大丈夫　대 장 부<br>*丈 어른 장 |
| ノ<br>삐칠 별 | 失<br>잃을 실 | 夫에 ノ을 그은 형태<br>失手　실 수 |

236

## 王
왕 왕

白 흰 백 — 皇 황제 황
白을 王 위에 올려 왕보다 더 빛나는 사람을 뜻함
天皇 천황

刂 칼 도 — 班 나눌 반
玉(=王)과 玉(=王)사이에 刂를 넣어 옥을 쪼갬을 나타냄
班長 반장
*長 우두머리 장

廾 받들 공 — 弄 장난할 롱
王 아래 廾을 그려 두 손으로 가지고 노는 玉(=王)을 나타냄
弄談 농담
*談 말씀 담

## 車
수레 거, 차

广 집 엄 — 庫 창고 고
車에 广을 씌워 수레를 넣는 집을 나타냄
車庫 차고

冖 덮을 멱 — 軍 군사 군
冖은 人의 변형, 人과 車로 구성된 군대를 나타냄
國軍 국군
*國 나라 국

辶 걸을 착 — 運 움직일 운
軍에 辶을 붙여 움직임을 나타냄
運動 운동
*動 움직일 동

## 亢
오를 항

扌 손 수 — 抗 막을 항
亢 앞에 扌를 붙여 손을 올려 저항하는 모습을 나타냄
抗爭 항쟁
*爭 다툴 쟁

舟 배 주 — 航 배 항
亢 앞에 舟를 붙여 물 위로 다니는 배를 나타냄
航空 항공

土 흙 토 — 坑 구덩이 갱
亢 앞에 土를 붙여 땅에 판 구덩이를 나타냄
焚書坑儒 분서갱유
*焚 불지를 분, 書 글 서, 儒 선비 유

## 八
여덟 팔

口 입 구 — 㕣 늪 연
口를 붙여 산속의 늪을 나타냄
단 어 없 음

氵 물 수 — 沿 물가 연
㕣에 氵를 붙여 물가를 강조함
沿海 연해
*海 바다 해

金 쇠 금 — 鉛 납 연
金을 붙여 금속의 일종인 납을 나타냄
鉛筆 연필
*筆 붓 필

# 人
### 사람 인

| 入 높여 씀 | 入 들 입 | 人의 오른쪽 획을 더 높여 쓴 모양 |
|---|---|---|
| | | 出入 출입 |
| | | *出 날 출 |

| 王 왕 왕 | 全 안전 전 | 入 아래 王을 넣어 안전한 곳에 들어가 있는 왕을 표현함 |
|---|---|---|
| | | 安全 안전 |

| 丷 두 점 | 金 쇠 금 | 全에 두 획을 더 넣어 빛나는 모습을 표현함 |
|---|---|---|
| | | 黃金 황금 |
| | | *黃 누를 황 |

# 人
### 사람 인

| 亻 써 이 | 以 써 이 | 人 앞에 亻를 붙인 형태 |
|---|---|---|
| | | 以上 이상 |

| 亻 사람 인 | 似 비슷할 사 | 以 앞에 亻을 붙여 비슷하다는 뜻으로 씀 |
|---|---|---|
| | | 似而非 사 이 비 |
| | | *而 말이을 이, 非 아닐 비 |

| 彳 걸을 척 / 足 발 족 | 從 따를 종 | 彳에 人人을 쓰고 그 아래 足을 써서 사람이 사람을 따라가는 모습을 표현함 |
|---|---|---|
| | | 主從 주 종 |
| | | *主 주인 주 |

# 占
### 점칠 점

| 广 집 엄 | 店 가게 점 | 占에 广을 씌워 물건 파는 집을 나타냄 |
|---|---|---|
| | | 粉食店 분식점 |
| | | *粉 가루 분, 食 먹을 식 |

| 黑 검을 흑 | 點 점 점 | 黑을 占 앞에 써서 까만 점을 나타냄 |
|---|---|---|
| | | 百點 백점 |

| 米 쌀 미 | 粘 끈끈할 점 | 米와 占을 함께 써서 쌀의 끈적끈적한 느낌을 나타냄 |
|---|---|---|
| | | 粘土 점토 |

# 夕
### 저녁 석

| 口 입 구 | 名 이름 명 | 夕 아래 口를 붙여 저녁에 이름을 부르는 모습을 표현함 |
|---|---|---|
| | | 姓名 성명 |

| 亠 돼지머리 두 / 亻 사람 인 | 夜 밤 야 | 夊는 夕의 변화형임 |
|---|---|---|
| | | 夜行性 야 행 성 |
| | | *行 다닐 행 |

| 氵 물 수 | 液 액체 액 | 夜에 氵를 붙여 물, 즉 액체 상태를 표현함 |
|---|---|---|
| | | 液體 액 체 |
| | | *體 몸 체 |

## 必 반드시 필

示 제단 기 / 祕 숨길 비
示(=衤)는 제사 지내는 테이블을 본뜬 글자. 必은 발음을 담당함
神祕 신 비
*神 귀신 신

宀 집 면 / 山 산 산 / 密 몰래 밀
宀과 山 속에 깊이 숨어 있는 모습을 표현함
祕密 비 밀

虫 벌레 훼 / 蜜 꿀 밀
虫를 넣어 벌이 집에 몰래 숨겨둔 꿀을 표현함
蜜柑 밀 감
*柑 귤 감

## 靑 푸를 청

氵 물 수 / 淸 맑을 청
靑에 氵를 함께 써서 물처럼 맑은 상태를 나타냄
淸濁 청 탁
*濁 흐릴 탁

忄 마음 심 / 情 마음씨 정
靑에 忄을 붙여 마음속을 나타냄
多情 다 정

米 쌀 미 / 精 자세할 정
靑에 米를 붙여 쌀알처럼 자잘한, 자세한 상태를 표현함
精密 정 밀
*密 빽빽할 밀

## 至 이를 지

宀 집 면 / 室 집 실
至 위에 宀을 지붕처럼 씌워 집을 표현함
室內 실 내

尸 시체 시 / 屋 집 옥
至 위에 尸를 지붕 모양처럼 넣어 집을 표현함
洋屋 양 옥
*洋 큰 바다 양

扌 손 수 / 握 쥘 악
屋 앞에 扌를 써서 손으로 쥐는 뜻을 표현함
握手 악 수

## 至 이를 지

攵 칠 복 / 致 다다를 치
至 옆에 攵을 넣어 때려서 한 곳에 다다르게 함을 표현함
一致 일 치

刂 칼 도 / 到 이를 도
至 옆에 刂를 써서 발음을 표현함
到着 도 착
*着 붙을 착

亻 사람 인 / 倒 거꾸로 도
到 앞에 亻을 써서 사람이 꺼꾸러지는 것을 표현함
倒置 도 치
*置 둘 치

# 交
사귈 교

| | 校 | 交 앞에 木을 붙여 나무 아래에서 공부하던 모습을 표현함 |
|---|---|---|
| 木 나무 목 | 학교 교 | 學校　학교 |

| | 郊 | 交 옆에 阝을 넣어 도시 주변에 사귀듯이 접해 있는 마을을 표현함 |
|---|---|---|
| 阝 고을 읍 | 성밖 교 | 郊外　교외 |

| | 效 | 交 옆에 攵을 넣어 때려서 효과를 보는 뜻을 나타냄 |
|---|---|---|
| 攵 칠 복 | 효과 효 | 效果　효과 |

*果 열매 과

# 牛
소 우

| | 午 | 牛의 윗부분을 잘라내면 말띠를 나타내는 午가 됨 |
|---|---|---|
| 윗부분을 자름 | 말띠 오 | 正午　정오 |

*正 바를 정

| | 許 | 言을 넣어 말로써 허가함을 나타냄 |
|---|---|---|
| 言 말씀 언 | 허가할 허 | 許可　허가 |

| | 年 | ㄴ처럼 생긴 형태를 끼우면 한 해를 나타내는 年이 됨 |
|---|---|---|
| 一 | 해 년 | 年末　연말 |

# 牛
소 우

| | 告 | 牛 아래에 口를 써서 소의 울음 소리, 말하다의 뜻을 표현함 |
|---|---|---|
| 口 입 구 | 말할 고 | 告白　고백 |

*白 흰, 말할 백

| | 造 | 告 아래에 辶을 넣어 움직여서 물건을 만드는 뜻을 표현함 |
|---|---|---|
| 辶 움직일 착 | 만들 조 | 人造　인조 |

| | 浩 | 告 앞에 氵를 붙여 물처럼 넓고 큼을 표현함 |
|---|---|---|
| 氵 물 수 | 클 호 | 浩然之氣　호연지기 |

*然 그럴 연, 之 갈 지, 氣 기운 기

# 可
옳을 가

| | 歌 | 可를 겹쳐 쓴 후 欠을 붙여 입을 크게 벌려 노래하는 모습을 나타냄 |
|---|---|---|
| 欠 하품 흠 | 노래 가 | 歌手　가수 |

| | 河 | 氵를 붙여 물이 흐르는 강을 나타냄 |
|---|---|---|
| 氵 물 수 | 강 하 | 黃河　황하 |

*黃 누를 황

| | 何 | 亻을 붙여 사람이 의문을 품는 것을 나타냄 |
|---|---|---|
| 亻 사람 인 | 어찌 하 | 何如歌　하여가 |

*如 같을 여, 歌 노래 가

## 長
길 장

| | | |
|---|---|---|
| 弓<br>활 궁 | 張<br>펼칠 장 | 長 앞에 弓을 넣어 활을 팽팽하게<br>당긴 뜻을 나타냄<br>主張 주 장 |
| 巾<br>수건 건 | 帳<br>장막 장 | 長 앞에 巾을 넣어 길게 늘어진<br>천의 뜻을 나타냄<br>帳幕 장 막<br>*幕 장막 막 |
| 月<br>고기 육 | 脹<br>부을 창 | 長 앞에 月을 넣어 신체 일부가 늘<br>어난, 부은 모습을 나타냄<br>膨脹 팽 창<br>*膨 부풀 팽 |

## 老
늙을 로

| | | |
|---|---|---|
| 丂<br>숨실 고 | 考<br>생각할 고 | 耂 아래 丂를 넣어 곰곰이 생각<br>하는 모습을 표현함<br>思考 사 고<br>*思 생각할 사 |
| 子<br>아들 자 | 孝<br>효도 효 | 耂 아래에 子를 넣어 늙은 부모를<br>업고 있는 모습을 표현함<br>忠孝 충 효 |
| 攵<br>칠 복 | 敎<br>가르칠 교 | 孝에 攵을 붙여 때려서 가르침을<br>표현함<br>敎育 교 육<br>*育 기를 육 |

## 者
사람 자

| | | |
|---|---|---|
| 阝<br>고을 읍 | 都<br>도읍 도 | 者에 阝를 붙여 사람들이 모여 사는<br>도시를 표현함<br>都市 도 시<br>*市 시장 시 |
| 罒<br>그물 망 | 署<br>관청 서 | 者 위에 罒을 써서 사람들을 잡아<br>들이는 관청을 표현함<br>警察署 경 찰 서<br>*警 깨우칠 경, 察 살필 찰 |
| ⺿<br>풀 초 | 著<br>드러날 저 | 者 위에 ++를 써서 풀을 헤치고<br>나타나는 사람을 표현함<br>著者 저 자 |

## 韋
가죽 위

| | | |
|---|---|---|
| 亻<br>사람 인 | 偉<br>위대할 위 | 韋에 亻을 넣어 가죽옷을 입은 위<br>대한 사람을 표현함<br>偉人 위 인 |
| 辶<br>걸을 착 | 違<br>어긋날 위 | 韋에 辶을 써서 어긋난 방향으로<br>걸어감을 표현함<br>違反 위 반<br>*反 돌이킬 반 |
| 十日十<br>햇살이<br>퍼지는<br>모습 | 韓<br>나라 한 | 十日十은 햇살이 퍼지는 모습. 나<br>라 이름을 표현하기 위해 만든 글자<br>大韓民國 대 한 민 국<br>*民 백성 민, 國 나라 국 |

## 先 먼저 선

| 氵 물 수 | 洗 씻을 세 | 先에 氵를 붙여 무엇을 하기 전에 먼저 씻는 모습을 표현함 |
|---|---|---|
| | | 洗手 세 수 |
| 八 여덟 팔 | 光 빛 광 | 先의 첫 부분에 빛이 퍼지는 모양의 八을 붙이면 光이 됨 |
| | | 光明 광 명 |
| 忄 마음 심 | 恍 황홀할 황 | 光 앞에 忄을 붙여 마음이 빛으로 가득 찬 상황을 표현함 |
| | | 恍惚 황 홀 |

*惚 황홀할 홀

## 寸 마디 촌

| 木 나무 목 | 村 마을 촌 | 寸 앞에 木을 붙여 나무를 심은 사람 사는 마을을 나타냄 |
|---|---|---|
| | | 農村 농 촌 |

*農 농사 농

| 身 몸 신 | 射 쏠 사 | 寸 앞에 身을 붙여 활을 쏘는 사람의 모습을 나타냄 |
|---|---|---|
| | | 發射 발 사 |

| 言 말씀 언 | 謝 감사 사 | 射 앞에 言을 붙여 입으로 감사의 말을 전하는 모습을 표현함 |
|---|---|---|
| | | 感謝 감 사 |

*感 느낄 감

## 穴 구멍 혈

| 犬 개 견 | 突 갑자기 돌 | 穴 아래 犬을 넣어 굴에서 갑자기 뛰어나오는 개를 표현함 |
|---|---|---|
| | | 突出 돌 출 |

| 九 아홉 구 | 究 연구할 구 | 穴 아래 九를 넣어 끝까지 연구함을 나타냄 |
|---|---|---|
| | | 研究 연 구 |

*研 갈, 연구할 연

| 悤 바쁠 총 | 窓 창문 창 | 穴 아래 悤을 넣어 창살을 표현함. 悤은 厶으로 간략히 변함 |
|---|---|---|
| | | 窓門 창 문 |

*門 문 문

## 犬 개 견

| 月 고기 육 | 肰 개고기 연 | 月을 붙여 개고기를 표현함 |
|---|---|---|
| | | 단 어 없 음 |

| 灬 불 화 | 然 그러할 연 | 灬를 붙여 개고기를 태우는 모습을 나타냄. 이후 뜻이 바뀜 |
|---|---|---|
| | | 自然 자 연 |

*自 스스로 자

| 火 불 화 | 燃 불탈 연 | 然에 火를 덧붙여 불타는 모습을 더 확실하게 표현함 |
|---|---|---|
| | | 燃料 연 료 |

*料 헤아릴, 재료 료

반디랑

# 블록

한자

## 정답과 풀이

**1**

# 정답

## 01 블록 日

**핵심 어휘 완성하기 P.11**

(1) 日 (2) 日

**문제 풀기 P.14~15**

**1** (1) 白 (2) 昌 (3) 晶

**2**

**3** (1) 日 (2) 白 (3) 昌 (4) 晶

**4** 평창  **5** 日

**6** 음: 창  뜻: 빛나다
관련단어: 평창

## 02 블록 月

**핵심 어휘 완성하기 P.17**

(1) 月 (2) 月

**문제 풀기 P.20~21**

**1** (1) 明 (2) 朋 (3) 崩

**2**

**3** (1) 月 (2) 明 (3) 朋 (4) 崩

**4** 정월  **5** 月

**6** 음: 붕  뜻: 무너지다
관련단어: 멘붕

## 03 블록 山

**핵심 어휘 완성하기 P.25**

(1) 山 (2) 山

**문제 풀기 P.28~29**

**1** (1) 岩 (2) 仙 (3) 幽

**2**

**3** (1) 山 (2) 岩 (3) 仙 (4) 幽

**4** 선인장  **5** 山

**6** 음: 유  뜻: 까마득하다
관련단어: 유령, 유명

## 04 블록 川

**핵심 어휘 완성하기 P.31**

(1) 川 (2) 川

**문제 풀기 P.34~35**

**1** (1) 州 (2) 洲 (3) 訓

**2**

**3** (1) 川 (2) 州 (3) 洲 (4) 訓

**4** 훈민정음  **5** 川

**6** 음: 주  뜻: 고을
관련단어: 전주

## 05 블록 火

**핵심 어휘 완성하기 P.39**

(1) 火 (2) 火

**문제 풀기 P.42~43**

**1** (1) 災 (2) 炎 (3) 淡

**2**

**3** (1) 火 (2) 災 (3) 炎 (4) 淡

**4** 화성, 화산  **5** 火

**6** 음: 염  뜻: 불꽃
관련단어: 염증

## 06 블록 水

**핵심 어휘 완성하기 P.45**

(1) 水 (2) 水

**문제 풀기 P.48~49**

**1** (1) 氷 (2) 永 (3) 泳

**2**

**3** (1) 水 (2) 氷 (3) 永永 (4) 泳

**4** 수평  **5** 水

**6** 음: 영  뜻: 영원하다
관련단어: 영영

## 07 블록 土

**핵심 어휘 완성하기 P.53**

(1) 土 (2) 土

**문제 풀기 P.56~57**

**1** (1) 吐 (3) 王

**2**

**3** (1) 土 (2) 吐 (3) 土 (4) 王

**4** 토란  **5** 土

**6** 음: 왕  뜻: 임금
관련단어: 대왕

## 08 블록 木

**핵심 어휘 완성하기 P.59**

(1) 木 (2) 木

**문제 풀기 P.62~63**

**1** (1) 未 (2) 末 (3) 本

**2**

**3** (1) 木 (2) 未 (3) 末 (4) 本

**4** 미안  **5** 木

**6** 음: 본  뜻: 근본
관련단어: 일본

## 09 블록 人

핵심 어휘 완성하기 P.67
(1) 人 (2) 人

문제 풀기 P.70~71
1 (1) 仁 (2) 休 (3) 代   3 (1) 人 (2) 仁 (3) 休 (4) 代

2    4 휴식   5 人

6 음: 대  뜻: 대신, 대표하다
관련단어: 대신

## 10 블록 生

핵심 어휘 완성하기 P.73
(1) 生 (2) 生

문제 풀기 P.76~77
1 (1) 姓 (2) 性 (3) 星   3 (1) 生 (2) 姓 (3) 性 (4) 星

2    4 선생   5 生

6 음: 성  뜻: 별
관련단어: 행성

## 11 블록 男

핵심 어휘 완성하기 P.81
(1) 男 (2) 男

문제 풀기 P.84~85
1 (1) 加 (2) 協 (3) 脅   3 (1) 男 (2) 加 (3) 協 (4) 脅

2    4 협력   5 男

6 음: 협  뜻: 합하다
관련단어: 협동

## 12 블록 女

핵심 어휘 완성하기 P.87
(1) 女 (2) 女

문제 풀기 P.90~91
1 (1) 如 (2) 好 (3) 安   3 (1) 女 (2) 如 (3) 好 (4) 安

2    4 여전   5 女

6 음: 안  뜻: 편안하다
관련단어: 안전

## 13 블록 母

핵심 어휘 완성하기 P.95
(1) 母 (2) 母

문제 풀기 P.98~99
1 (1) 每 (2) 海 (3) 梅   3 (1) 母 (2) 每 (3) 海 (4) 梅

2    4 모음   5 母

6 음: 매  뜻: 늘
관련단어: 매사

## 14 블록 子

핵심 어휘 완성하기 P.101
(1) 子 (2) 子

문제 풀기 P.104~105
1 (1) 字 (2) 仔 (3) 學   3 (1) 子 (2) 字 (3) 仔 (4) 學

2    4 자음자   5 子

6 음: 학  뜻: 배우다
관련단어: 학교

## 15 블록 兄

핵심 어휘 완성하기 P.109
(1) 兄 (2) 兄

문제 풀기 P.112~113
1 (1) 兌 (2) 說 (3) 稅   3 (1) 兄 (2) 兌 (3) 說 (4) 稅

2    4 형제   5 兄

6 음: 세  뜻: 세금
관련단어: 세금

## 16 블록 弟

핵심 어휘 완성하기 P.115
(1) 弟 (2) 弟

문제 풀기 P.118~119
1 (1) 梯 (2) 涕 (3) 第   3 (1) 弟 (2) 梯 (3) 涕 (4) 第

2    4 제일   5 弟

6 음: 체  뜻: 눈물
관련단어: 체읍

# 정답

## 17 블록 大

### 핵심 어휘 완성하기 P.123
(1) 大 (2) 大

### 문제 풀기 P.126~127
1 (1) 太 (2) 犬 (3) 夭
3 (1) 大 (2) 太 (3) 犬 (4) 夭

2

4 대기　　5 大

6 음: 견　뜻: 개
　관련단어: 명견

## 18 블록 小

### 핵심 어휘 완성하기 P.129
(1) 小 (2) 小

### 문제 풀기 P.132~133
1 (1) 尖 (2) 少 (3) 沙
3 (1) 小 (2) 尖 (3) 少 (4) 沙

2
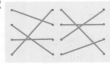

4 소수　　5 小

6 음: 첨　뜻: 뾰족할
　관련단어: 첨단

## 19 블록 上

### 핵심 어휘 완성하기 P.137
(1) 上 (2) 上

### 문제 풀기 P.140~141
1 (1) 止 (2) 齒 (3) 步
3 (1) 上 (2) 止 (3) 齒 (4) 步

2

4 보행　　5 上

6 음: 상, 하　뜻: 위, 아래
　관련단어: 상류, 하인

## 20 블록 下

### 핵심 어휘 완성하기 P.143
(1) 下 (2) 下

### 문제 풀기 P.146~147
1 (1) 卡 (2) 不 (3) 杯
3 (1) 下 (2) 卡 (3) 不 (4) 杯

2

4 이하　　5 下

6 음: 불, 부　뜻: 아니다
　관련단어: 부정

## 21 블록 千

### 핵심 어휘 완성하기 P.151
(1) 千 (2) 千

### 문제 풀기 P.154~155
1 (1) 肝 (2) 刊 (3) 竿
3 (1) 千 (2) 肝 (3) 刊 (4) 竿

2

4 천만　　5 千

6 음: 천　뜻: 일천
　관련단어: 천자문, 천만

## 22 블록 萬

### 핵심 어휘 완성하기 P.157
(1) 萬 (2) 萬

### 문제 풀기 P.160~161
1 (1) 愚 (2) 偶 (3) 遇
3 (1) 萬 (2) 愚 (3) 偶 (4) 遇

2

4 만일　　5 萬

6 음: 우　뜻: 짝
　관련단어: 우상

## 23 블록 車

### 핵심 어휘 완성하기 P.165
(1) 車 (2) 車

### 문제 풀기 P.168~169
1 (1) 轟 (2) 連 (3) 蓮
3 (1) 車 (2) 轟 (3) 連 (4) 蓮

2

4 마차　　5 車

6 음: 굉　뜻: 시끄러울
　관련단어: 굉음

## 24 블록 舟

### 핵심 어휘 완성하기 P.171
(1) 舟 (2) 舟

### 문제 풀기 P.174~175
1 (2) 船 (3) 航
3 (1) 舟 (2) 丹 (3) 船 (4) 航

2

4 풍선　　5 舟

6 음: 항, 선　뜻: 배, 배
　관련단어: 항공, 풍선

## 25 블록 内

핵심 어휘 완성하기 P.179

(1) 内 (2) 内

문제 풀기 P.182~183

1 (1) 丙 (2) 納 (3) 訥

2

3 (1) 内 (2) 丙 (3) 納 (4) 訥

4 실내   5 内

6 음: 내  뜻: 안
관련단어: 내면, 실내

## 26 블록 夕

핵심 어휘 완성하기 P.185

(1) 夕 (2) 夕

문제 풀기 P.188~189

1 (1) 外 (2) 多 (3) 侈

2

3 (1) 夕 (2) 外 (3) 多 (4) 侈

4 다문화   5 夕

6 음: 다  뜻: 많다
관련단어: 다문화

## 27 블록 中

핵심 어휘 완성하기 P.193

(1) 中 (2) 中

문제 풀기 P.196~197

1 (1) 忠 (2) 串 (3) 患

2

3 (1) 中 (2) 忠 (3) 串 (4) 患

4 중앙   5 中

6 음: 환  뜻: 아프다
관련단어: 환자

## 28 블록 心

핵심 어휘 완성하기가 P.199

(1) 心 (2) 心

문제 풀기 P.202~203

1 (1) 必 (2) 志 (3) 情

2

3 (1) 心 (2) 必 (3) 志 (4) 情

4 양심   5 心

6 음: 필  뜻: 반드시
관련단어: 생필품

## 29 블록 東

핵심 어휘 완성하기 P.207

(1) 東 (2) 東

문제 풀기 P.210~211

1 (1) 凍 (2) 棟 (3) 鍊

2

3 (1) 東 (2) 凍 (3) 棟 (4) 鍊

4 동상   5 東

6 음: 동  뜻: 동쪽
관련단어: 동학

## 30 블록 西

핵심 어휘 완성하기 P.213

(1) 西 (2) 西

문제 풀기 P.216~217

1 (1) 要 (2) 票 (3) 栗

2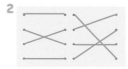

3 (1) 西 (2) 要 (3) 票 (4) 栗

4 투표   5 西

6 음: 서  뜻: 서쪽
관련단어: 서양, 동문서답

## 31 블록 南

핵심 어휘 완성하기 P.221

(1) 南 (2) 南

문제 풀기 P.224~225

1 (1) 睪 (2) 譯 (3) 擇

2

3 (1) 南 (2) 幸 (3) 譯 (4) 擇

4 불행   5 南

6 음: 남  뜻: 남쪽
관련단어: 남북, 남해

## 32 블록 北

핵심 어휘 완성하기 P.227

(1) 北 (2) 北

문제 풀기 P.230~231

1 (1) 背 (2) 乘 (3) 乖

2

3 (1) 北 (2) 背 (3) 乘 (4) 乖

4 북두칠성   5 北

6 음: 배  뜻: 등지다
관련단어: 배신

# 1권에 나온 글자를 찾아 볼까요

# 반디랑
## 블록한자 ❶

**발행일**: 2021년 11월 01일 [1판 1쇄]
　　　　2024년 03월 31일 [1판 6쇄]

**지은이**: 문화기획반디 연구개발팀

**편집 디자인**: 이예슬 | **표지 디자인**: 방혜자

**내지 일러스트 · 만화**: 임정민, 도지우 | **영상편집**: 전하영

**펴낸곳**: (주)문화기획반디 | **등록번호**: 제2020-000059호

**주　소**: 04310 서울특별시 용산구 청파로47길 90, 숙명여자대학교 창업보육센터 202호

**전　화**: 02) 6951-1008 | **팩　스**: 02) 6951-1007

**홈페이지**: www.bandirang.com | **이메일**: contact@bandirang.com

**블로그**: blog.naver.com/bigfoot200 | **인스타그램**: @bandi_rang

ISBN 979-11-971523-9-9

ISBN 979-11-971523-6-8 (세트)